BALISES

Collection dirigée par Henri M

Madame Bovary

Gustave Flaubert

résumé analytique

commentaire critique

documents complémentaires

Anne-Marie Ozanam

Agrégée des Lettres

ISBN 2-09-188605-X

La vie de Flaubert

L'écrivain ne doit laisser de lui que ses œuvres.
Sa vie importe peu. Arrière la guenille !
(Lettre à Ernest Feydeau, *21 août 1859)*

« L'IDIOT DE LA FAMILLE »

Gustave Flaubert naît le 12 décembre 1821. Son père, Achille-Cléophas, était chirurgien en chef de l'Hôtel-Dieu de Rouen. Alors que le fils aîné, Achille (né en 1813), incarne tous les espoirs de la famille (il deviendra chirurgien comme son père), le jeune Gustave est un peu délaissé et connaît une enfance morose dans le cadre assez triste de l'Hôtel-Dieu : une de ses distractions favorites est d'aller, en compagnie de sa jeune sœur Caroline, observer les cadavres à la morgue.

Sa famille s'inquiète parfois de son état de « stupeur » et il semble avoir des difficultés de communication avec son entourage ; il écrira à Louise Colet (11 août 1846) : « Que de fois, sans le vouloir, n'ai-je pas fait pleurer mon père, lui si intelligent et si fin ! mais il n'entendait rien à mon idiome [...] J'ai l'infirmité d'être né avec une langue spéciale dont seul j'ai la clé. »

Entré au collège de Rouen (1832), il se réfugie dans la littérature et la dérision : avec ses camarades, il imagine *Le Garçon*, personnage satirique qui incarne la médiocrité bourgeoise.

LA « CHAMBRE ROYALE »

En 1836, pendant les vacances, il rencontre à Trouville Elisa Schlésinger, épouse d'un éditeur de musique. Cette passion silencieuse et sans espoir pour une femme plus âgée (elle a vingt-six ans) le marque profondément. Elle lui inspirera les *Mémoires d'un fou*, la première et la seconde *Éducation sentimentale*.

Reçu bachelier en 1840, il se rend à Paris pour entreprendre des études de droit ; il consacre en fait tout son temps à la littérature : il compose *Novembre* (1842) et commence la première *Éducation sentimentale* en 1843.

L'« ERMITE DE CROISSET »

En janvier 1844, il est atteint d'une crise violente dont les symptômes ressemblent à ceux de l'épilepsie. Il arrête ses études et doit suivre un régime sévère. Son père achète une maison à Croisset, au bord de la Seine, à quelques kilomètres de Rouen.

En 1845, il achève la première *Éducation sentimentale.* Au cours d'un voyage en Italie avec sa famille, il remarque à Gênes un tableau de Breughel représentant saint Antoine.

Après la mort de son père et de sa sœur Caroline en 1846, il s'installe à Croisset avec sa mère et sa nièce. En juillet débute sa liaison avec Louise Colet (interrompue en 1848 et reprise en 1851). Cette liaison est l'occasion d'une abondante correspondance dans laquelle, jusqu'en 1854 (année de leur rupture définitive), Flaubert exprime ses idées sur l'art et la création littéraire.

Car toute son énergie est désormais consacrée à l'écriture. En 1848-1849, il compose une première version de *La Tentation de saint Antoine* ; mais ses amis Louis Bouilhet et Maxime Du Camp critiquent vivement l'œuvre, qu'ils trouvent exagérément lyrique.

Après un voyage en Orient (1849-1851), Flaubert retourne à Croisset où il mène près de sa mère une existence de « solitaire ». Pour extirper le « cancer du lyrisme », il compose, comme un « pensum », *Madame Bovary* (du 19 septembre 1851 au 30 avril 1856). La correspondance quotidienne avec Louise Colet présente un véritable journal de l'œuvre. Dès sa parution, le roman fait l'objet d'un procès pour immoralité (février 1857) dont Flaubert sort acquitté et célèbre.

En 1856, Flaubert écrit une seconde version de *La Tentation de saint Antoine*, puis, jusqu'en 1862, *Salammbô*, qui a un énorme succès. Il fréquente le prince Napoléon et la princesse Mathilde, tout en continuant à passer l'essentiel de son temps à Croisset, avec sa mère.

LES ÉPREUVES

Le 1er septembre 1864, Flaubert commence la seconde *Éducation sentimentale*, qui paraît en 1869 et qui est un échec. Ruiné par la guerre et par le ménage de sa nièce Caroline, durement éprouvé par la mort de sa mère (1872), il reprend *La Tentation de saint Antoine* et commence *Bouvard et Pécuchet* (1874). Il compose les *Trois Contes* : *La Légende de saint Julien l'Hospitalier* (1875-1876), *Un cœur simple* (1876) et *Hérodias* (1877).

Les jeunes écrivains « naturalistes » le reconnaissent comme un maître : il exerce notamment sur Maupassant une sorte de direction intellectuelle. Le 28 mars 1880, Goncourt, Zola, Daudet, Charpentier, Fortin et Maupassant viennent lui rendre visite à Croisset, avant la parution, en avril, des *Soirées de Médan.* Cependant la situation matérielle de Flaubert est de plus en plus précaire. Il meurt le 8 mai 1880 d'une hémorragie cérébrale.

VIE ET ŒUVRE DE GUSTAVE FLAUBERT	ÉVÉNEMENTS POLITIQUES, SOCIAUX, CULTURELS
1821 Naissance à Rouen (12 septembre).	**1821** Naissance de Baudelaire.
	1830 Hugo, *Hernani* ; Stendhal, *Le Rouge et le Noir* ; Lamartine, *Harmonies poétiques et religieuses.*
	1830 → **1848** Règne de Louis-Philippe.
1832 Entrée au collège.	**1832** Balzac, *Louis Lambert* ; George Sand, *Indiana.*
	1834 Delacroix, *Femmes d'Alger.*
1836 Rencontre avec Élisa Schlésinger.	**1836** Musset, *La Confession d'un enfant du siècle.*
1838 *Mémoires d'un fou* (première esquisse de *L'Éducation sentimentale*).	
1840 Baccalauréat.	
1841 Inscription à la faculté de droit de Paris.	
1842 Installation à Paris *Novembre.*	**1842** Eugène Sue, *Les Mystères de Paris* ; Aloysius Bertrand, *Gaspard de la nuit* (posthume).
1843 Début de la première *Éducation sentimentale.*	**1843** George Sand, *Consuelo.*
1844 Première crise nerveuse Voyage en Italie avec sa famille.	
1846 Mort du père Installation à Croisset Rencontre avec Louise Colet.	
1848 Flaubert se rend à Paris pour assister aux événements.	**1848** Révolution de février.
1848 → **1849** Rédaction de la première *Tentation de saint Antoine.*	
1849 → **1851** Voyage en Orient, avec Maxime Du Camp.	**1850** Courbet, *L'Enterrement à Ornans.*
1851 Début de *Madame Bovary.*	**1851** (2 décembre) Coup d'État de Louis-Napoléon.
	1852 Début du Second Empire.
1854 Rupture avec Louise Colet.	

1857	Procès, acquittement, et publication de *Madame Bovary*. Entreprend *Salammbô*.	1857	Baudelaire, *Les Fleurs du mal* Procès et condamnation du poète.
1858	Voyage en Tunisie.		
		1859	Hugo, *La Légende des siècles*.
1862	Publication de *Salammbô*.	1862	Hugo, *Les Misérables*.
1863	Séjours à Paris Est reçu par la princesse Mathilde.	1863	Manet, *Le Déjeuner sur l'herbe*.
1864	→ **1869** Rédaction de L'*Éducation sentimentale* Reprise de *La Tentation de saint Antoine*.	1865	E. et J. de Goncourt, *Germinie Lacerteux* ; Claude Bernard, *Introduction à l'étude de la médecine expérimentale*.
		1867	Zola, *Thérèse Raquin*.
1870	→ **1871** Doit loger des Prussiens à Croisset	1870	Guerre franco-allemande. Défaite française de Sedan. Proclamation de la république (4 sept.). Siège de Paris (à partir du 15 sept.).
1871	Voyages et problèmes financiers.	1871	Armistice. Traité de Francfort. Commune de Paris (18 mars-25 mai).
1872	Mort de la mère Achève *La Tentation de saint Antoine*.	1873	Mac-Mahon président. Coalition de « l'ordre moral ».
1874	Début de *Bouvard et Pécuchet*.	1874	Première exposition des Impressionnistes.
1875	Ruiné par les problèmes financiers de sa nièce, Flaubert vend une partie de ses biens.		
1875	→ **1876** *La Légende de saint Julien l'Hospitalier*.		
1876	*Un cœur simple*.		
1877	*Hérodias*.	1877	Zola, *L'Assommoir*.
		1879	Jules Grévy remplace Mac-Mahon. Huysmans, *Les Sœurs Vatard*.
1880	Reçoit à Croisset les Goncourt, Zola, Maupassant, Daudet, Charpentier. Meurt d'une hémorragie cérébrale (8 mai).	1880	*Les Soirées de Médan*. Zola, *Le Roman expérimental*.

Gustave Flaubert, par Félix Nadar.

L'œuvre de Flaubert

LE RÉALISME

« Il y a en moi littérairement parlant deux bonshommes distincts, l'un qui est épris de gueulades, de lyrisme [...] un autre qui creuse et fouille le vrai tant qu'il peut », écrivait Flaubert en 1852. Si les écrits de jeunesse et les trois versions de *La Tentation de saint Antoine* sont des œuvres lyriques, la « tentation » du lyrisme est rejetée dans *Madame Bovary* pour laisser place au désir de « peindre le dessus et le dessous des choses » (Lettre à Louise Colet, 6 avril 1853).

Un énorme travail de documentation (pour les Comices agricoles, l'opération du pied bot, l'empoisonnement par l'arsenic) permet à Flaubert d'acquérir la « précision de résultat d'une science exacte » (Lettre à Louise Colet, 22 juillet 1853). Le romancier se veut absent de son œuvre : il « doit s'arranger de façon à faire croire qu'il n'a pas vécu » (Lettre à Louise Colet, 27 mars 1852). Il vise à l'objectivité totale. Il n'est donc pas étonnant que l'école naturaliste ait vu en lui un maître, dont l'œuvre tend à « la reproduction exacte de la vie » (Zola, *Les Romanciers naturalistes*, Paris, Charpentier, 1881).

Cependant, Flaubert a protesté contre cette étiquette, et il a émis de fortes réserves sur les œuvres de ceux-là mêmes qui se réclamaient de lui. De *L'Assommoir*, il a écrit : « Je trouve cela ignoble, absolument. Faire vrai ne me paraît pas être la première condition de l'art. Viser au beau est le principal » (Lettre à la princesse Mathilde, 4 octobre 1876).

LA QUÊTE DE L'IDÉAL

Ce beau, c'est dans le style qu'il réside. Le corps à corps avec les mots, dont les lettres à Louise Colet ont gardé le souvenir, traduit cette quête quasi mystique dont Flaubert se veut le « martyr ». « Mourons dans la neige, périssons dans la blanche douleur de notre désir » (16 septembre 1853). « L'encre est mon élément naturel. Beau liquide du reste, que ce liquide sombre ! Comme on s'y noie ! Comme il attire ! » (14 août 1853).

Le style auquel aspire Flaubert est celui qui réaliserait l'accord parfait de la forme et du fond : « Plus l'expression se rapproche de la pensée, plus le mot colle dessus et plus c'est beau. » Il tient de la musique : « Plus une idée est belle, plus la phrase est sonore ! » (à Mlle Leroyer de Chantepie, 12 décembre 1857). Il devient même plus important que l'idée, acquérant une beauté en soi : « Il n'y a ni beaux ni vilains sujets et on pourrait presque établir comme axiome, en se plaçant du point de vue de l'art pur, qu'il n'y en a aucun, le style étant à lui seul une manière absolue de voir les choses. » D'où le rêve d'écrire « un livre sur rien, un livre qui n'aurait presque pas de sujet et qui se tiendrait de lui-même par la force interne de son style » (Lettre à Louise Colet, 16 janvier 1852).

LE VIDE

Flaubert apparaît donc comme « le premier en date des non-figuratifs du roman moderne... Il préfère à l'événement son reflet dans la conscience, à la passion le rêve de la passion ... à l'action l'absence d'action et à toute présence un vide » (Jean Rousset, *Forme et Signification*).

D'où l'intérêt, contraire à la convention romanesque, qu'il attache aux personnages qui échouent, qui traversent l'existence sans jamais avoir posé un seul acte authentique. D'où également les caricatures féroces qui visent la sottise bourgeoise : celle-ci prétend en effet, en collectionnant les objets ou en alignant les paroles ronflantes, masquer le vide fondamental que l'écrivain entend dévoiler, au cœur de toute vie.

Sommaire de *Madame Bovary*

Tout ce qu'on invente est vrai.
(Lettre à Louise Colet, *14 août 1853*)

Première partie

Arrivée ridicule au collège de Rouen d'un « nouveau », Charles Bovary. D'intelligence médiocre, le jeune homme devient officier de santé ; sa mère l'installe à Tostes et lui fait épouser une riche veuve, Héloïse Dubuc. À la ferme des Bertaux, il s'éprend de la fille de son malade, Emma Rouault. Héloïse meurt bientôt. Charles revoit Emma et la demande en mariage. Après la noce, les nouveaux époux partent pour Tostes. Bonheur de Charles, déception d'Emma dont les lectures sentimentales ont corrompu la sensibilité. Le couple est invité au château de la Vaubyessard où Emma découvre un univers qui lui paraît conforme à ses rêves. À son retour, elle ne supporte plus la vie quotidienne et devient dépressive. Charles accepte de s'établir à Yonville. Leur départ coïncide avec la grossesse d'Emma.

Deuxième partie

Présentation d'Yonville et de quelques notables. Les Bovary arrivent en diligence. Ils dînent à l'auberge en compagnie du pharmacien, Homais, et d'un jeune clerc, Léon Dupuis. Naissance de Berthe, la fille des Bovary. Son baptême. Promenade sentimentale d'Emma et de Léon. Emma découvre qu'elle aime le jeune homme. Par orgueil, elle décide de rester vertueuse ; elle cherche un réconfort auprès du curé, l'abbé Bournisien, qui ne la comprend pas. Léon quitte Yonville et Emma retombe malade. Rodolphe Boulanger, un châtelain, décide de la séduire. Les Comices agricoles ont lieu au village : pendant les discours des notables, Rodolphe adresse à Emma des déclarations passionnées. Quelques semaines plus tard, lors d'une promenade à cheval, elle devient sa maîtresse. Après l'échec d'une opération tentée par Charles pour guérir un pied bot, Emma, pleine de mépris pour son mari, s'endette auprès du commerçant Lheureux : elle demande à Rodolphe de l'enlever, mais celui-ci lui écrit une lettre de rupture. Tentée par le suicide, Emma tombe gravement malade. Après sa convalescence, Charles, qui s'est endetté pour la soigner, l'emmène à l'opéra de Rouen où elle revoit Léon Dupuis.

Troisième partie

Emma se donne à Léon dans un fiacre. Elle retourne régulièrement à Rouen pour revoir son amant et s'endette de plus en plus. Menacée de saisie, elle cherche vainement de l'argent auprès de Léon, puis de Rodolphe ; submergée par l'angoisse, elle a des hallucinations et s'empoisonne avec de l'arsenic dérobé chez Homais. Elle reçoit l'extrême-onction et meurt tandis que retentit la chanson obscène d'un aveugle. Veillée funèbre : Homais et le curé sommeillent ; Charles s'abandonne au désespoir ; Léon et Rodolphe se hâtent d'oublier la défunte. Ruine de Charles qui découvre des preuves de l'infidélité d'Emma et se laisse mourir. Berthe devient ouvrière tandis qu'Homais voit tous ses désirs bourgeois satisfaits.

Les personnages

Mes personnages imaginaires m'affectent,
me poursuivent ou plutôt c'est moi qui suis en eux.
(Lettre à Taine, *sans date*)

LES BOVARY

Charles : fils unique d'un couple mal assorti. Officier de santé, il épouse d'abord une riche veuve, Héloïse Dubuc, puis se remarie avec Emma Rouault. Après la mort de celle-ci, il se laisse mourir de chagrin.

Emma : fille du père Rouault, un riche fermier. Éduquée dans un couvent de Rouen, elle y a découvert un mysticisme malsain et des livres sentimentaux. Elle épouse Charles, dont elle a une fille, **Berthe**. Déçue par son mari, par ses deux amants, profondément dépressive, elle se suicide, en avalant de l'arsenic.

LES AMANTS D'EMMA

Rodolphe Boulanger : propriétaire du château de la Huchette, dans le voisinage d'Yonville, chasseur et séducteur.

Léon Dupuis : clerc de notaire d'abord à Yonville, puis à Rouen, après des études parisiennes. Peu de temps après la mort d'Emma, il épouse Mlle Léocadie Lebœuf.

À TOSTES

La plupart des personnages sont anonymes. Dans le village rôde un vagabond : **le joueur d'orgue de Barbarie**.

À cinq heures environ de Tostes, le château de la Vaubyessard est la propriété du **marquis d'Andervilliers**. Les Bovary y sont conviés à un bal.

À YONVILLE-L'ABBAYE

La scène est dominée par le pharmacien, **Homais**, qui joue les savants et les philosophes. Il correspond avec *Le Fanal de Rouen*, veille jalousement sur sa femme et ses quatre enfants (Napoléon, Franklin, Irma, Athalie) et tyrannise le jeune **Justin**, un lointain parent qu'il a recueilli par charité. Sa grande occupation est d'attaquer le curé du village, l'**abbé Bournisien**, lequel est un robuste gaillard sans aucune finesse.

Autre « bourgeois conquérant », le marchand d'étoffes et de nouveautés, **Lheureux**, qui pratique l'usure et ruine les Bovary.

L'auberge principale est celle du Lion d'or, tenue par **la veuve Lefrançois** et où travaillent la servante **Artémise** ainsi qu'un garçon d'écurie, **Hippolyte**, qui souffre d'un équin ; à l'auberge est attachée une diligence, l'*Hirondelle*, qui relie le village à Rouen et dont le cocher est **Hivert**.

Le percepteur et capitaine des pompiers est **Binet**, dont la principale occupation est de tourner des ronds de serviette.

Sur la côte du Bois-Guillaumin, à la sortie de Rouen, rôde **un aveugle**.

Résumés et commentaires

Nota Bene
Les termes marqués d'un astérisque sont définis dans le « Lexique » (voir page 103).

I - CHAPITRE 1

RÉSUMÉ

Le proviseur introduit un *nouveau* dans une salle d'étude ; il s'agit d'un *gars de la campagne*, gauche et mal habillé, qui ne comprend rien à la vie scolaire ; il est incapable d'imiter les autres en lançant sa casquette contre le mur, et il ne parvient pas à dire son nom. Le professeur lui fait conjuguer en latin : « je suis ridicule » ; le garçon se montre docile et sérieux.

Le *nouveau* se nomme Charles Bovary. Fils d'un incapable et d'une femme trop protectrice, il a grandi entre les romances que lui chantait sa mère et les champs dans lesquels son père le laissait courir comme un petit sauvage. Le curé du village lui a appris un peu de latin.

Après une scolarité médiocre, Charles commence des études de médecine auxquelles il ne comprend rien. Il relâche sa discipline et échoue à l'examen ; l'année suivante, à force de travail, il est reçu officier de santé*. Sa mère l'installe à Tostes et l'oblige à épouser une riche veuve, très jalouse et qu'il n'aime pas.

COMMENTAIRE

Un nouveau statut du personnage

Le portrait conventionnel est totalement renouvelé : le lecteur n'apprend rien de la couleur des yeux, des cheveux de Charles Bovary ; le corps n'est présenté que par les signes sociaux dont il est porteur (« comme un chantre de village », « des poignets rouges habitués à être nus »). De plus, le vêtement prend le pas sur l'homme : « son habit ... laissait voir des poignets », « ses jambes en bas bleus sortaient d'un pantalon jaunâtre » ; Flaubert fait un véritable « portrait » de la casquette, lui appliquant le mot « visage » qui a été refusé à Charles : « une de ces pauvres choses enfin dont la laideur muette à des profondeurs d'expression comme le visage d'un imbécile ».

Un « anti-héros »

Contrairement au personnage traditionnel, dont la personnalité est forte, Charles est placé sous le signe du vide : dès sa première apparition, « on l'apercevait à peine », et il ne laisse aucun souvenir : « Il serait maintenant impossible à aucun de nous de se rien rappeler de lui. » À cette formule fera écho le « rien » qui conclut le roman (III, 11) : « M. Canivet accourut. Il l'ouvrit et ne trouva rien. »

Comme de nombreux personnages de Flaubert, il s'agit d'un médiocre, sans qualité ni défaut bien marqués ; sa seule vertu est le travail, mais un travail sans intelligence : « Il accomplissait sa petite tâche quotidienne à la manière du cheval de manège qui tourne en place, les yeux bandés, ignorant de la besogne qu'il broie » et sans persévérance : « Par nonchalance, il en vint à se délier de toutes les résolutions qu'il s'était faites. » Il ne maîtrise pas son destin, se laisse imposer profession et femme.

De manière très moderne, Flaubert souligne le caractère déterminant des parents dans le développement de l'affectivité. La mère de Charles annonce Emma : frustrée, romanesque, comme sa future bru.

Les épreuves initiatiques

Les deux épisodes qui marquent l'arrivée de Charles au collège ont valeur symbolique ; le lancer de la casquette qui permet de reconnaître si l'on possède le *genre* ; l'énonciation de son nom (c'est-à-dire l'affirmation de son identité). D'emblée, le personnage est placé sous le signe de l'échec et du ridicule : « *ridiculus sum* ».

La fatalité sociale

Société bourgeoise en miniature, la classe rejette le *nouveau* qui n'a pas le *genre* : les caractères italiques révèlent l'existence d'un véritable code collectif que Charles ne parvient pas à comprendre ; quant à l'emploi de la première personne du pluriel, réservé à ce seul chapitre, il souligne cette exclusion : le « nous » communautaire ne veut pas de l'autre, qui reste toujours « il ».

Bien qu'on l'ait « habillé en bourgeois », Charles restera toujours « un gars de la campagne » qui ne peut causer qu'« avec le domestique ». Le système social est donc figé ; il est très différent de celui qui apparaît dans les romans balzaciens où l'on peut « parvenir », briser les barrières.

Le vide affectif

La première épouse de Charles, dotée d'un prénom romantique (Héloïse) mais d'un nom peu gracieux (Dubuc), incarne toute l'horreur qu'inspire la médiocrité de l'existence : elle a de « longs bras maigres » qui ont quelque chose de spectral et la demande finale, « un peu plus d'amour », rapprochée ironiquement du « sirop pour sa santé », résume le vide affectif dans lequel évoluent tous les personnages du roman.

I - CHAPITRE 2

RESUMÉ

Mandé en pleine nuit à la ferme des Bertaux, pour soigner le propriétaire, le père Rouault, qui s'est cassé la jambe, Charles fait la connaissance de la fille de son malade, Emma. Il retourne ensuite fréquemment voir la jeune fille et finit ainsi par attirer la jalousie de son épouse. Celle-ci exige que son mari renonce à ses visites.

Cependant, l'épouse acariâtre se retrouve ruinée ; elle meurt brutalement, une semaine plus tard, laissant Charles tout étonné, « perdu dans une rêverie douloureuse ».

COMMENTAIRE

Le corps d'Emma

Il est vu par les yeux de Charles (procédé de focalisation interne*) : « Charles fut surpris de ... » ; « il la trouva debout » ; « il aimait les petits sabots ».

Le texte insiste sur :

— **sa bouche** : « elle se piquait les doigts, qu'elle portait ensuite à sa bouche pour les sucer » ; « ses lèvres charnues qu'elle avait coutume de mordillonner » — une bouche sensuelle, avide.

— **ses cheveux** : tout au long du roman, la coiffure varie, révélant l'évolution du personnage et son rapport à la sensualité. Pour l'instant, les cheveux sont disciplinés : « lisses, séparés sur le milieu de la tête par une raie fine », bien que Charles remarque « les petits cheveux follets de sa nuque » (indices d'un certain désordre).

— **ses ongles** : « plus nettoyés que les ivoires de Dieppe ». Ce détail revient tout au long du roman, signe de vanité et d'artifice. Mais Emma ne peut effacer ses origines : sa main reste celle d'une paysanne, « point assez pâle peut-être ».

— **ses yeux** : leur couleur est incertaine : « quoiqu'ils fussent bruns, ils semblaient noirs à cause des cils », ce qui peut suggérer une certaine duplicité du personnage ; cependant le regard est hardi, et ce trait se retrouvera à plusieurs repises dans le roman (cf. III, 7) : « Une hardiesse infernale s'échappait de ses prunelles enflammées. »

La sensualité

Révélée par l'avidité des lèvres et par les « petits cheveux follets », elle se devine aussi aux « pommettes roses », à la rougeur de la jeune fille, aux semelles de bois qui s'approchent « contre le cuir de la bottine » et même au mouvement ondulant des cordons « qui se tortillaient ». Ces ondulations s'opposent à la raideur d'Héloïse, à laquelle ne sont associées que des images pointues : « maigre », « dents longues », « pointe », « engainée », « fourreau », « comme deux couteaux », une « haridelle ».

L'insatisfaction

Elle se devine dès les premiers mots d'Emma, rapportés au style indirect libre (« Mlle Rouault ne s'amusait guère à la campagne »). Elle se révèle également dans ce « lorgnon d'écaille » qu'Emma porte « comme un homme ». Nombreux sont les épisodes du roman qui montrent Emma travestie en homme, pour conquérir, symboliquement, un peu de cette liberté qu'elle convoite.

La condition sociale

Les Bertaux sont « une ferme de bonne apparence » et M. Rouault « un cultivateur des plus aisés ». La famille tend à s'élever, la jeune fille joue les « demoiselles de ville ». Cependant, malgré tous ces efforts, les critiques d'Héloïse, inspirées par la jalousie, révèlent un motif essentiel du roman : Emma ne pourra jamais être vraiment une dame, comme elle le rêve ; « Ce n'est pas la peine de faire tant de fla-fla, ni de se montrer [...] comme une comtesse ».

La mort d'Héloïse

Elle est relatée sur un ton presque ironique, qui n'est guère éloigné de la farce : « Elle était morte ! Quel étonnement ! » Un des premiers exemples du grotesque flaubertien.

D'autre part, on notera l'extrême rapidité de l'épisode. Alors que le romancier peut consacrer plusieurs pages à un motif qui aurait été insignifiant dans un roman traditionnel (par exemple : la description de la casquette), il semble bâcler la mort de ce personnage ; peut-être pour marquer l'insignifiance d'Héloïse Dubuc, oubliée par le romancier presque aussi vite que par son mari ; peut-être surtout parce que Flaubert rêve d'écrire « un livre sur rien, un livre [...] qui n'aurait presque pas de sujet » (*Lettre à Louise Colet,* 16 janvier 1852).

Plus donc que l'événement (la mort d'Héloïse), ce qui l'intéresse, c'est la manière dont l'être se perd par un « glissement dans l'insignifiance » (J.-P. Richard) ; l'ahurissement de Charles, sa « rêverie douloureuse » sans véritable objet sont donc beaucoup plus importants que l'épisode qui les a déclenchés. Ils préfigurent d'ailleurs la passivité mortelle du personnage, après la mort de sa deuxième épouse.

I - CHAPITRE 3

RÉSUMÉ

Le père Rouault revoit Charles et l'invite à revenir aux Bertaux, en lui disant que l'oubli est plus fort que la mort. Le médecin se met à fréquenter assidûment Emma qui lui confie son mal de vivre. Mais il n'ose pas se déclarer et c'est le fermier qui finit par la lui proposer en mariage. L'affaire est conclue ; Emma qui avait rêvé de « se marier à minuit, aux flambeaux » doit accepter une noce de campagne.

COMMENTAIRE

La passivité de Charles

Ce n'est pas de lui-même, mais sur les conseils du père Rouault que Charles retourne aux Bertaux. De même qu'il a été incapable de se nommer, en arrivant au collège, ou de tenir tête à ses parents (« Charles voulut parler »), il ne parvient pas à formuler sa demande en mariage : « Je voudrais bien vous dire quelque chose [...] Charles se taisait [...] » ; c'est le fermier qui parle.

Son amour pour Emma est celui d'un adolescent ; on le voit suffoquer : « sa gorge était serrée, il avait soif [...] un vent chaud passait », motif à rapprocher de l'épisode final (III, 11 ; « Charles suffoquait comme un adolescent sous les vagues effluves amoureux qui gonflaient son cœur chagrin »).

L'insatisfaction

La bouche d'Emma, présentée dans le chapitre précédent, est à nouveau évoquée, de manière particulièrement insistante ; les lèvres convoitent, mais ne peuvent assouvir leur désir ; « La vacuité du verre a une valeur symbolique : c'est le premier de la série des objets (ou des êtres) vides, où Emma ne trouve pas à sentir ce que de tout son corps elle s'attendait à sentir : reste le seul contact de la langue avec les dents et avec le fond inerte du verre » (J. Starobinski).

L'emploi de l'irréel du passé est très révélateur de cette insatisfaction : « Elle eût bien voulu habiter la ville » ; « elle eût désiré se marier à minuit ». Emma est en proie à l'« ennui » : « le regard noyé d'ennui », et il faut donner au terme son sens le plus fort, très proche du « spleen » baudelairien, qui donne à la vie un « goût [de] néant ».

La mort

Le chapitre, qui se conclut sur la perspective d'une noce, s'est ouvert avec l'évocation du deuil, de la mort et, pire encore, de l'oubli : « Ça a coulé brin à brin, miette à miette : ça s'en est allé, c'est parti, c'est descendu. » On note la brutalité macabre de l'évocation (« Les taupes [...] qui avaient des vers leur grouillant dans le ventre ») à rapprocher de l'obsession morbide de Flaubert pour le cadavre : « Je le vois maintenant dans son suaire, comme si j'avais le cercueil où il pourrit sur ma table, devant mes yeux. L'idée des asticots qui lui mangent les joues ne me quitte pas » (*Lettre à Louise Colet*, 18 septembre 1853).

C'est donc sous le signe de la mort que se conclut le mariage d'Emma — ce qui crée une sorte de prémonition tragique. De plus, lors de ses premières rencontres avec Charles, Emma évoque la tombe de sa mère, jetant ainsi sur son couple naissant une ombre funèbre. Même ses récompenses scolaires, les « couronnes en feuilles de chêne » annoncent la couronne funéraire, « écho pathétique des petites couronnes du début, sur lesquelles elle projette une lueur funèbre ; l'image de la mort [...] existait en puissance dès le début, avec l'abandon de ces couronnes dans un bas d'armoire et la phrase qui suivait, nommant le cimetière et la tombe. Nous l'avions lue sans le savoir. » (C. Duchet). De même l'allusion aux « petites gouttes de sueur » peut-elle annoncer la sueur de l'agonie ; « le bout pointu de la langue » évoquer par avance « la langue tout entière » qui lui « sortit de la bouche » au moment suprême. Ce sont là autant d'événements infimes que le récit avait inscrits « dans la chaleur d'un beau jour » (J. Starobinski).

I - CHAPITRE 4

RÉSUMÉ

La noce des Bovary est l'occasion d'une fête de campagne. Les invités arrivent, ridicules dans leurs vêtements neufs. On se rend en cortège à la mairie, puis on se met à table ; la nourriture est copieuse, grasse, et tous admirent la pièce montée sur laquelle trône un petit Amour.

Le lendemain de la nuit de noces, Charles est épanoui, alors qu'Emma reste réservée. Les nouveaux époux quittent les Bertaux, tandis que le père Rouault évoque le souvenir de sa femme et de son fils défunts.

COMMENTAIRE

Une scène de foule

Comme le chapitre consacré aux Comices agricoles* (II, 8), ce chapitre présente une scène de foule. La masse des paysans est présentée comme un ensemble de visages identiques (« Tout le monde était tondu à neuf, les oreilles s'écartaient des têtes [...] »)

Les paysans se ressemblent également par leur désir de paraître appartenir à la haute société (« des robes à la façon de la ville ») — prétention naïve qui est un des traits de caractère d'Emma. Le « bovarysme » s'explique peut-être d'abord par les origines rurales du personnage.

Ce qui rapproche les convives, c'est surtout l'âpreté de leurs appétits (« jusqu'au soir, on mangea »). La scène est placée sous le signe du gras : « cheveux gras de pommades à la rose », « grands plats de crème jaune qui flottaient d'eux-mêmes au moindre choc de la table », « grosses faces blanches épanouies ». Ce gras symbolise l'épaisseur des personnages dont les divertissements manquent de finesse et dont les plaisanteries sont pesantes.

Cependant, malgré ces ressemblances, Flaubert souligne les différences de conditions. Elles se traduisent par la disparité des habits : « suivant leur position sociale différente, ils avaient des habits, des redingotes, des vestes, des habits-vestes » ; ceux qui portent des « blouses de cérémonie » doivent « dîner au bas bout de la table ».

La pièce montée

Tandis que les humains ne sont que les éléments anonymes de la masse collective, on remarque l'intérêt accordé aux objets — et en particulier à la pièce montée. Le texte en souligne la virtuosité mais aussi la prétention ; on pourra rapprocher cette pâtisserie des objets compliqués que fabrique Binet (III, 7) : « une de ces ivoireries indescripti-

Le Repas de Noces,
gravure d'A. de Richemont pour *Madame Bovary* (1905).

bles, composées de croissants, de sphères creusées les unes sur les autres, le tout droit comme un obélisque et ne servant à rien ».

On notera aussi que dans ce roman où l'on cherche en vain « un peu plus d'amour », le gâteau présente une allégorie de l'Amour à laquelle font écho deux statues : devant la maison du notaire, qui apparaît « au-delà d'un rond de gazon que décore un Amour » (II, 1) et dans la chambre d'hôtel de Rouen (III, 5), où la pendule est surmontée d'un « petit Cupidon de bronze qui minaud[e] ».

Le grincement

Le texte suggère un manque d'harmonie sexuelle entre les nouveaux mariés : épanouissement de l'époux (« c'est lui plutôt que l'on eût pris pour la vierge de la veille ») ; froideur de l'épouse (« la mariée ne laissait rien découvrir où l'on pût deviner quelque chose »). Emma affiche un dédain souverain pour toute allusion aux réalités charnelles : pour elle, l'amour est chose noble, éthérée et il n'est pas question de « souffler de l'eau avec sa bouche par le trou de la serrure ».

Le ménétrier qui précède le cortège nuptial a certainement une fonction symbolique dans le texte : son violon discordant souligne l'échec du couple qui prétend s'unir : « Il cirait longuement de colophane son archet afin que les cordes grinçassent mieux [...] Le bruit de l'instrument faisait partir de loin les petits oiseaux. »

I - CHAPITRE 5

RÉSUMÉ

Emma découvre sa nouvelle maison : les pièces sont prétentieuses et crasseuses ; le jardin est étroit et en son centre trône un curé de plâtre ; dans la chambre conjugale, la jeune femme remarque le bouquet de mariée de la première Mme Bovary qui lui fait penser à sa propre mort.

Pendant les premiers jours de leur vie commune, Charles est très heureux, tandis qu'Emma est insatisfaite.

La maison de Tostes

Comme la plupart des demeures bourgeoises décrites dans le roman, elle est placée sous le signe de la symétrie factice (« entre deux flambeaux d'argent plaqué », « au milieu un cadran solaire ; quatre plates-bandes [...] entouraient symétriquement », « entre deux pots de géranium »). On note un grand nombre d'éléments décoratifs prétentieux et inutiles (« guirlande de fleurs pâles », « galon rouge », « pendule à tête d'Hippocrate », « boîte en coquillages », « curé de plâtre »).

Elle est guettée par la poussière et par la pourriture : la toile du papier est « mal tendue » ; l'odeur des roux pénètre partout ; le logis est plein d'objets au rebut : « pleine de vieilles ferrailles, de tonneaux vides, d'instruments de culture hors de service, avec quantité d'autres choses poussiéreuses » ; on remarque des livres non coupés (donc inutiles) et abîmés. Quant au curé de plâtre, on suivra sa dégradation jusqu'à ce qu'il s'écrase « en mille morceaux sur le pavé de Quincampoix » (II, 3).

Cette décomposition des objets tout au long du roman transforme le temps du récit en temps tragique, jalonné d'annonces de mort. Aux signes relevés dans le chapitre 3 s'ajoute ici le bouquet de la défunte Mme Bovary qui fait songer Emma à sa propre disparition : « Elle se demandait, en rêvant, ce qu'on en ferait, si par hasard elle venait à mourir. »

Le bonheur de Charles

C'est d'abord le contentement de la chair (« le cœur plein des félicités de la nuit [...] la chair contente ») qui s'oppose à la frustration qui avait été la sienne près de la veuve « dont les pieds, dans le lit, étaient froids comme des glaçons ». Le texte suggère l'épaisseur, la pesanteur de cette satisfaction (« comme ceux qui mâchent encore, après dîner, le goût des truffes qu'ils digèrent ») — cette comparaison alimentaire étant à rapprocher d'un tour semblable dans la deuxième partie : « Il connaissait l'existence humaine tout du long et il s'y attablait sur les deux coudes avec sérénité » (II, 3).

L'épanouissement charnel semble entraîner une sorte d'abrutissement de l'âme (« sans souci de rien au monde », « l'esprit tranquille ») ; bien que le personnage connaisse encore les affres de l'amoureux

(« il se reprochait de ne pas l'aimer [...] le cœur battant »), peut-être parce qu'il sent vaguement que son amour n'est pas payé de retour.

L'indifférence d'Emma

On note le caractère idyllique de la scène qui la représente à sa fenêtre, lançant des fleurs à Charles — la première des attitudes romanesques et fausses dans lesquelles elle se complaît.

Le personnage reste sur la réserve, impossible à définir (la couleur de ses yeux est ambiguë : l'œil se perd « dans ces profondeurs »), impossible à atteindre ou à émouvoir ; le texte suggère son indifférence sexuelle : « il la baisait dans le dos, elle poussait un cri » ; « elle le repoussait, à demi souriante et ennuyée ».

I - CHAPITRE 6

RÉSUMÉ

Évocation de l'adolescence d'Emma : elle a été élevée dans un couvent, dans une atmosphère malsaine, où la dévotion nourrit de troubles émois. Elle a fait en cachette de nombreuses lectures romantiques qui ont corrompu sa sensibilité. À la mort de sa mère, elle a cru mourir de douleur, mais n'a éprouvé en fait aucun sentiment véritable. Cette éducation a fait d'elle une personne artificielle et désenchantée.

COMMENTAIRE

Mysticisme et névrose

Avant d'entreprendre le roman, Flaubert hésitait entre trois sujets « qui ne sont peut-être que le même : une nuit de Don Juan, l'histoire d'Anubis, la femme qui veut se faire aimer par le dieu » et le « roman flamand » d'une « jeune fille qui meurt, vierge et mystique, entre son père et sa mère, dans une petite province » (*Lettre à Louis Bouilhet*, 14 novembre 1850).

Si le deuxième sujet annonce surtout *Salammbô*, on voit combien, à l'époque de *Madame Bovary*, Flaubert considérait comme importants et complémentaires les deux thèmes de la sexualité et du mysticisme.

Le romancier, pourtant libre-penseur, s'est passionné pour le monde mystique *(La Légende de saint Julien l'Hospitalier, La Tentation de saint Antoine)*. Dans *Madame Bovary*, il s'attache à souligner le caractère malsain de l'influence religieuse qui s'exerce sur un cœur exalté.

Le monde du couvent est le lieu de « douceurs inattendues » ; le caractère sexuel de ces émotions est très nettement suggéré : « ombre » et « chuchotement du prêtre » qui créent une complicité douteuse ; « tiède atmosphère des classes » qui favorise la « langueur » ; « teint blanc » des religieuses et surtout les noms de « fiancé, époux, amant céleste ». Quant à l'évocation du « sacré-cœur percé de flèches aiguës », elle est très ambiguë : on connaît la signification érotique de la flèche.

La lecture

Lectrice sans esprit critique, Emma ressemble fort à Don Quichotte, un des personnages favoris de Flaubert ; comme lui, elle est victime de sa foi dans les romans, elle refuse le réel et rêve obstinément d'un absolu qui ne se trouve pour les deux personnages que dans la mort.

La satire du romantisme et du romanesque est d'autant plus violente que, dans son adolescence, Flaubert fut, comme la plupart de ses contemporains, très sensible à l'influence de Walter Scott et de ses disciples. En écrivant *Madame Bovary*, il tente de renoncer à un lyrisme et à un goût pour l'exotisme qui ne cessent, pourtant, de le fasciner.

L'artifice

Si le romancier critique avec tant de verve les lectures à la mode, c'est d'abord parce qu'elles ne sont qu'artifices et faux-semblants. Sa critique rejoint donc celle qu'il formule, tout au long de son œuvre, contre les « idées reçues » qui dispensent l'homme de penser par lui-même.

Emma est artificielle et fausse, comme le montre l'épisode de la mort de sa mère : « intérieurement satisfaite », « sans plus de tristesse au cœur que de rides sur son front ». Elle est incapable d'un amour ou même d'une curiosité authentiques. Or cette fausseté, loin d'être le résultat d'un calcul, est duperie inconsciente. Prise au piège des lectures, la jeune fille s'est composé un personnage imaginaire, qui ressemble un peu au René de Chateaubriand (« fort désillusionnée, n'ayant plus rien à apprendre, ne devant plus rien sentir ») et qui va l'entraîner dans le désespoir, puis dans la mort ; le mensonge devient donc, finalement, réalité suprême.

I - CHAPITRE 7

RÉSUMÉ

Évocation des premiers temps de la vie conjugale des Bovary. Charles admire sa femme qui se montre artiste et bonne ménagère, mais celle-ci méprise la médiocrité de son mari. Elle fait régulièrement des promenades dans la campagne, en rêvant à son enfance et à une impossible évasion. Un jour, le marquis d'Andervilliers invite le couple à un bal au château de la Vaubyessard.

COMMENTAIRE

La médiocrité

Charles est vu par le regard d'Emma (procédé de focalisation interne*) : plusieurs formules cinglantes stigmatisent sa médiocrité (sa conversation était « plate comme un trottoir de rue et les idées de tout le monde y défilaient, dans leur costume ordinaire »). Personnage épais (« ce calme si bien assis, cette pesanteur sereine ») et prosaïque (« se couchait sur le dos et ronflait »), il n'éprouve aucun désir (« il n'avait jamais été curieux ») et ramène tout à des satisfactions alimentaires (comparer « comme un dessert prévu d'avance » à I, 5 : « ruminant son bonheur » et II, 3 : « il s'y attablait sur les deux coudes avec sérénité »).

Mais s'agit-il de la médiocrité de Charles ou de l'incapacité d'Emma à aimer ? Elle battit « le briquet sur son cœur sans en faire jaillir une étincelle ».

L'espace clos

Emma se sent emprisonnée : comme le poète baudelairien, elle cherche désespérément « du nouveau » (« pour voir si rien n'avait changé »).

Or elle retrouve tout « aux mêmes places ». L'allusion aux « trois fenêtres dont les volets toujours clos s'égrenaient de pourriture sur leurs barres de fer rouillées » suggère celui de la prison ; le thème de la fenêtre — de la fenêtre fermée —, très important dans le roman, symbolise la fermeture de l'espace.

Dans cet espace clos, le seul mouvement possible est celui du prisonnier qui tourne en rond : « Sa pensée [...] vagabondait [...] comme sa levrette qui faisait des cercles dans la campagne. »

Le temps immobile

À l'exception des derniers paragraphes (au passé simple), Flaubert fait jouer ici « les lenteurs de l'imparfait » (V. Brombert) pour suggérer l'enlisement de son personnage. La vie est placée sous le signe de la répétition : « Il l'embrassait à de certaines heures. C'était une habitude parmi les autres. » Une métaphore baudelairienne évoque l'ennui, « araignée silencieuse », filant « sa toile dans l'ombre à tous les coins de son cœur ».

L'impossible évasion

L'espace et le temps se conjuguent donc pour enfermer Emma. Elle ne dispose que du regret, d'où l'importance de l'irréel du passé (« il eût fallu », « que ne pouvait-elle », « peut-être aurait-elle souhaité », « si Charles l'avait voulu »).

À plusieurs reprises, comme chez Baudelaire, le désir de fuir l'« ici » et le « maintenant » conduit Emma à idéaliser l'enfance, qui lui apparaît comme un pays préservé, lieu de toute pureté (« sa robe blanche »), mais désormais « plus loin que l'Inde ou que la Chine » (« On lui disait adieu [...] comme c'était loin ! »)

Reste une vague peur cosmique qui préfigure la scène de délire où Emma verra d'« immenses vagues brunes » et « des globules couleur de feu » (III, 8) : ce sont les mêmes couleurs, le rouge (« le ciel était rouge »), le brun et l'or (« une colonnade brune se détachant sur un fond d'or »). Déjà, elle éprouve une sorte de prémonition de l'angoisse à venir (« une peur la prenait »).

I - CHAPITRE 8

RÉSUMÉ

Les Bovary se rendent au château de la Vaubyessard. Emma est éblouie par les portraits des ancêtres, par la distinction de ses hôtes et des invités, par le raffinement du dîner. Vient ensuite le bal : elle valse avec un vicomte et éprouve un vertige sensuel.

Le lendemain, de retour à Tostes, avec Charles, elle est pleine d'aigreur. Elle chasse la servante, et cultive les regrets.

COMMENTAIRE

La réflexion sociale

Le chapitre présente la rencontre entre deux mondes qui ne peuvent réellement se rejoindre : d'un côté, celui de la petite paysanne, qui cherche à chasser le « souvenir des Bertaux [...] la ferme, la mare bourbeuse », de l'autre, celui de la noblesse, dans lequel on se préoccupe uniquement de loisirs et d'art.

Flaubert suggère le déclin de la noblesse dont la force vient du passé : les portraits de famille évoquent les XVIe et XVIIe siècles : le duc de Laverdière, beau-père du marquis, est désormais un « vieil homme à lèvres pendantes », aux « yeux éraillés ». Les nobles n'ont pas vraiment de prise sur le réel ; ils se contentent de la « domination de choses à demi faciles ».

Entre ces deux mondes, aucune rencontre véritable n'est possible ; malgré la ressemblance des vêtements et des visages, les différences sociales restent fortement marquées : « Quelques hommes [...] se distinguaient de la foule par un air de famille, quelles que fussent leurs différences d'âge, de toilette ou de figure. » Reste le contact superficiel, que symbolise le glissement des chaussures sur le parquet, et qui ne peut qu'exaspérer les frustrations : « Son cœur était comme eux : au frottement de la richesse, il s'était placé dessus quelque chose qui ne s'effacerait pas. »

Un monde mythique

Cet univers est vu par les yeux de la naïve Emma qui est prête à admirer tout ce qu'elle voit : à ses yeux, la société qui l'entoure est aussi romanesque que ses lectures d'autrefois. La soirée a quelque chose d'irréel, comme le traduit l'attitude de la jeune femme, fermant « à demi les yeux » et tentant de « prolonger l'illusion ».

Cependant, malgré les efforts d'Emma pour se persuader qu'« elle [est] là », la réalité fait irruption au milieu des images du rêve. C'est le sens de l'épisode où un domestique casse « deux vitres », brisant ainsi symboliquement le rêve pour laisser place aux « faces de paysans qui regardaient ». Ces faces renvoient à Emma l'image de sa propre condition : elle aussi, elle observe, avec envie, un monde d'où elle est exclue.

L'éveil de la sensualité

Emma est troublée par le vicomte ; le mouvement de la valse est un « langoureux vertige » (« Ils tournaient [...] Une torpeur la prenait »). Le texte souligne le rapprochement physique et presque érotique des deux personnages (« leurs jambes entraient l'une dans l'autre [...] elle s'appuya la tête sur sa poitrine »).

Il s'agit donc de la première étape vers l'adultère (« elle faillit tomber ») ; la soirée est tiède (signe de sensualité) : « Emma se sentit enveloppée par un air chaud », « l'air du bal était lourd ». Par contraste, la proximité de Charles est liée à des sensations de froid (signe de froideur, de frigidité) : « elle grelottait de froid [...] contre Charles qui dormait » ; il est fort significatif de le voir éteindre son cigare — dernier vestige de la fête — et courir « avaler à la pompe un verre d'eau froide ».

I - CHAPITRE 9

RÉSUMÉ

Emma rêve aux séductions inconnues de la vie parisienne. Par contraste, son existence quotidienne lui paraît médiocre ; elle méprise de plus en plus son mari, ne supporte pas la monotonie des journées qui lui semblent vides, dépérit, se néglige et finit par tomber malade.

Pour la « changer d'air », Charles décide de s'installer à Yonville ; ce départ coïncide avec la grossesse de sa femme.

COMMENTAIRE

Le mythe de Paris

On pourra comparer ce passage avec un développement d'*Indiana* (1832) de George Sand. On y voit une jeune créole rêver à un « Paris imaginaire » : « Un étrange vertige s'emparait alors de sa tête. Suspendue à une grande élévation au-dessus du sol [...] il lui semblait [...] cheminer dans l'air vers la ville prestigieuse de son imagination [...] Chez elle, tout se rapportait à une certaine faculté d'illusion [...] Elle vécut ainsi des semaines et des mois [...] n'aimant, ne connaissant, ne caressant qu'une ombre, ne creusant qu'une chimère. »

Dans les deux cas, Paris est une ville mythique : éblouissante (« miroitant dans une atmosphère vermeille », « luisant », « miroirs », « or »), céleste (« entre ciel et terre, dans les orages, quelque chose de sublime »), lieu du bonheur (« l'immense pays des félicités et des passions »), peuplée de créatures de rêve (« on y était pâle, on se levait à quatre heures »). Il s'agit surtout de la négation d'une réalité insupportable ; Paris est l'« ailleurs ».

La fermeture de l'espace et du temps

Les thèmes esquissés dans le chapitre 7 sont repris avec encore plus de force. L'espace est hermétiquement clos ; les fenêtres elles-mêmes sont opaques (« les carreaux étaient chargés de givre ») ; le temps est celui de la répétition (« la série des mêmes journées recommença », « toujours pareilles », « tous les jours » [...] « soir et matin »). On retrouve les thèmes de la prison (« l'avenir était un corridor noir et qui avait au fond sa porte bien fermée ») et de la quête d'une impossible évasion, avec l'image très baudelairienne du navire qui pourrait emporter le personnage vers l'« ailleurs » (« cherchant au loin quelque voile blanche »).

Ce désir, comme chez Baudelaire, est lié à un profond dégoût pour le monde connu : « Plus les choses étaient voisines, plus sa pensée s'en détournait. » C'est l'« ennui plus lourd », le sentiment de la vanité de tout (« à quoi bon ? à quoi bon ? ») et surtout la nausée qui habitent Emma : les images alimentaires qui, dans les chapitres précédents, étaient liées au personnage de Charles, toujours en train de digérer, entraînent le dégoût : « Toute l'amertume de l'existence lui semblait servie sur son assiette. » Ces nausées sont peut-être l'écho de celles de son créateur qui a confié à quel point la « fétidité du fond » lui faisait « mal au cœur » (*Lettre à Louise Colet*, 16 avril 1853).

La pathologie mentale

Elles sont aussi l'expression d'une « maladie nerveuse » dont, avec une précision clinique, Flaubert indique tous les symptômes : insatisfaction, apathie (« elle laissait tout aller », « elle restait des journées entières sans s'habiller »), sautes d'humeur (« à ces exaltations succédaient tout à coup des torpeurs où elle restait sans parler, sans bouger »), troubles psychosomatiques (« elle pâlissait et avait des battements de cœur »), simulation (« elle but du vinaigre pour se faire maigrir »).

La mésentente conjugale

L'abîme se creuse entre les deux époux : alors que Charles idolâtre sa femme (« c'était comme une poussière d'or qui sablait tout du long le petit sentier de sa vie ») et qu'il sacrifie sa carrière pour elle, elle ne le voit que comme un animal ou un objet (« elle faisait bien des confidences à sa levrette. Elle en eût fait aux bûches de la cheminée et au balancier de la pendule »).

L'épisode qui clôt la première partie symbolise cette mésentente : Emma se pique les doigts à son bouquet (la vie conjugale est blessante, irritante), il est jauni (les sentiments ont été usés par le temps) ; dans le feu il devient rouge (victoire de la passion) puis noir (signe de mort). Or ce signe de rupture est posé au moment même où est évoquée la grossesse d'Emma, comme pour condamner à l'avance toute possibilité de bonheur familial.

Un personnage symbolique

Le joueur d'orgue de barbarie a quelque chose d'inquiétant. « Une tête d'homme apparaissait [...] qui souriait lentement. » C'est une sorte de tentateur : il exaspère l'insatisfaction d'Emma en lui faisant entendre « des airs que l'on jouait ailleurs » et qui déclenchent dans la tête de la jeune femme des « sarabandes à n'en plus finir ». Or, bien que venu d'ailleurs et pouvant donc symboliser l'évasion, le vagabond présente des figurines qui se répètent « dans des morceaux de miroir » : l'espace est clos ; son ouverture est trompeuse. Quant aux figurines, leur mouvement mécanique, circulaire, annonce d'autres objets (tour de Binet, rouet de la nourrice) qui apparaissent à des moments d'angoisse et suscitent une sorte de vertige chez Emma. Ces automates qui « tournaient, tournaient » sont déjà un signe d'un destin tout-puissant dont le joueur d'orgue, avec sa manivelle, est une allégorie.

II - CHAPITRE 1

RÉSUMÉ

Description d'Yonville-l'Abbaye où vont arriver les Bovary. À l'auberge du Lion d'or, la patronne, Mme Lefrançois, prépare le dîner en écoutant pérorer le pharmacien Homais. Puis se présentent Binet, le percepteur, qui vient dîner, et le curé du village, l'abbé Bournisien. Homais explique à l'aubergiste ce qu'est sa religion, quand arrive la diligence, l'Hirondelle, conduite par Hivert, qui amène les Bovary.

COMMENTAIRE

Le village

Dans un paysage « sans accentuation », le village est plat dans tous les sens du terme (« tout couché en travers de la rive »), apportant ainsi un démenti ironique aux rêves « élevés » d'Emma. Il est petit (« il n'y a plus ensuite rien à voir [...] s'arrête court »).

Il est d'emblée placé sous le signe de la mort. Un des premiers détails concerne « le petit cimetière », évoqué à deux reprises. On remarque que l'église est guettée par la décomposition : « La voûte en bois commence à pourrir par le haut. » Quant à la devanture du pharmacien, elle dit le triomphe de la mort : « Les fœtus [...] se pourrissent de plus en plus dans leur alcool bourbeux. »

Les personnages

Binet

Il offre à Flaubert l'occasion, avant *Bouvard et Pécuchet*, de faire une satire des employés : Binet est d'une ponctualité scrupuleuse, il n'a jamais rien à dire ; son visage reflète son manque de fantaisie (« pas un poil ne dépassait la ligne »).

De plus, Binet a quelque chose d'inhumain. Il est silencieux, insensible, il a le visage « terne », une régularité d'automate : « Six heures sonnèrent. Binet entra. » Il semble une allégorie du destin : sa principale distraction est d'actionner un tour dont le mouvement évoque celui de l'orgue de Barbarie (I, 9) et aussi celui du fuseau des Parques. Quand Emma sera attirée par le suicide, elle entendra « le ronflement du tour [...] comme une voix furieuse qui l'appelait » (II, 13). Le jour de sa mort, elle lui rendra une visite, dont Flaubert ne révèle pas le contenu : il note seulement le bruit des deux roues qui « tournaient, ronflaient » et les gestes de supplication d'Emma qui va mourir et semble supplier vainement le destin (III, 7).

Homais

Flaubert insiste d'abord sur ses pantoufles (c'est un homme établi, rangé), son bonnet (on pourra noter le nombre et l'importance des coiffures dans le roman, et rapprocher le « gland d'or » de celui de la casquette de Charles). La première image qui lui est associée est celle du « chardonneret [...] dans une cage d'osier » — image de fermeture, qui suggère le caractère étouffant de la société dont il est l'incarnation. Presque tout de suite, Flaubert fait parler le personnage, car il n'existe que par la parole — une parole qui n'est que plagiat : son style est décalqué de Racine, de Voltaire, de Rousseau et de Béranger ; c'est un style qui se veut littéraire : « Chez lui, tout langage se désigne d'emblée comme littérature [...] Il donne au bourg sa rhétorique » (M. Crouzet).

Les autres personnages

Présentation rapide de la « figure rubiconde » et du « corps athlétique » du curé qui sera tout au long du roman placé sous le signe des appétits matériels. Dès le début, il est opposé à Homais, avec lequel il forme une sorte de paire grotesque.

Par une allusion à la déconfiture prochaine de l'aubergiste Tellier, la mère Lefrançois introduit un thème important du roman, celui des dettes. L'apparition discrète du marchand d'étoffes Lheureux prépare le développement de ce thème.

II - CHAPITRE 2

RÉSUMÉ

Les Bovary arrivent à Yonville. Ils dînent chez la mère Lefrançois en compagnie d'Homais et de Léon Dupuis, le jeune clerc de notaire qui s'ennuie au village. Pendant que le pharmacien pérore, Emma et Léon échangent des propos romantiques et fades ; ils rêvent de voyage, de littérature et de musique.

Enfin les Bovary gagnent leur nouvelle maison ; Emma rêve aux changements que ce déménagement pourra apporter dans sa vie.

COMMENTAIRE

Le dialogue

L'emploi du dialogue est lié pour Flaubert à un problème de structure romanesque ; le dialogue au style direct* ne doit pas, selon lui, être employé trop souvent. Il n'est acceptable que « lorsqu'il est *important de fond*, c'est-à-dire lorsqu'il caractérise bien les personnages » (C. Gothot Mersch). Les dialogues étant beaucoup moins fréquents dans *Madame Bovary* que dans la plupart des romans de l'époque, ils prennent donc une importance particulière (cf. également l'entretien d'Emma avec l'abbé Bournisien, II, 6 ; les Comices agricoles, II, 8).

Flaubert les conçoit d'une manière très originale ; contrairement à la plupart de ses contemporains, il ne prétend pas reproduire les paroles telles qu'elles ont pu effectivement être dites, mais les recompose : « Un dialogue dans un roman ne représente pas plus la vérité vraie (absolue) que tout le reste ; il faut choisir et y mettre des plans successifs, des gradations et des demi-teintes, comme dans une description » (*Lettre à Ernest Feydeau*, décembre 1858).

Les dialogues de *Madame Bovary* présentent une difficulté particulière ; en effet, Flaubert se sent pris entre deux impératifs qui lui paraissent contradictoires : il veut rédiger les dialogues dans un style qui soit à la fois « bien écrit », « vif, précis et toujours distingué » et « pittoresque ». Bref, il faut imiter le langage vulgaire en lui gardant « son aspect, sa coupe, ses mots même », mais « dans un style profondément littéraire » (C. Gothot Mersch).

Or les propos rapportés sont d'une grande banalité ; les personnages s'expriment par clichés. La vacuité de la plupart des propos échangés a quelque chose de tragique ; elle souligne l'absence d'une véritable communication, préfigurant ainsi le théâtre moderne (les pièces d'Ionesco, par exemple).

Léon Dupuis

Comme Emma, Léon rêve de l'« ailleurs » (mer, montagnes suisses, Paris) et fuit dans les livres ou dans la musique son insatisfaction (« c'est une chose si maussade que de vivre cloué aux mêmes endroits »).

C'est un adolescent timide, qui regarde « silencieusement » la nouvelle venue et qui se trouve attiré par elle « sans qu'il s'en aperçût » : cette timidité et cette passivité se retrouveront chez Frédéric Moreau, dans *L'Éducation sentimentale*.

C'est à dessein que Flaubert en a fait un juriste : il avait gardé lui-même un très mauvais souvenir des études de droit qu'il avait entreprises pour obéir à son père. Le roman montre l'enlisement progressif d'un personnage idéaliste dans le jeu social : Léon va sacrifier sans hésiter ses prétendus goûts artistiques pour devenir premier clerc, puis notaire à Yvetot ; car « chaque notaire porte en soi les débris d'un poète » (III, 6).

II - CHAPITRE 3

RÉSUMÉ

Homais se montre très empressé auprès de Charles pour lui cacher la concurrence illégale qu'il lui fait dans son arrière-boutique.

Emma, qui avait souhaité un garçon, accouche d'une fille, ce qui l'emplit de désespoir. Après bien des hésitations, on donne à l'enfant le prénom de Berthe.

Le bébé est mis en nourrice. Sa mère lui rend un jour visite en compagnie de Léon ; cette promenade inspire aux jeunes gens une langueur inconnue.

COMMENTAIRE

La maternité

Le texte souligne le caractère artificiel des sentiments d'Emma pour sa fille. Son affection dépend de l'environnement (« berceau en nacelle avec des rideaux de soie rose et des béguins brodés »). Ici encore s'exprime la tendance constante du personnage à s'en tenir à l'apparence (cf I, 6 : elle « avait aimé l'église pour ses fleurs ») ; son dégoût de la matière : elle s'empresse de recoucher la petite, dès que celle-ci vomit « sur sa collerette » et on notera son geste très symbolique : c'est au moment de sortir qu'elle essuie « ses pieds sur le seuil ».

D'autre part, l'amour maternel est présenté comme égoïste, masquant à peine l'amour de soi. La mère de Charles avait reporté sur celui-ci « toutes ces vanités éparses, brisées » (I, 1) ; de même Emma rêve d'avoir un fils car cette idée « était comme la revanche en espoir de toutes ses impuissances passées ».

La condition féminine

Emma a le sentiment d'être privée, parce qu'elle est femme, de toute initiative et de toute liberté : « une femme est empêchée continuellement ». Son devoir serait d'imiter Mme Homais, la « meilleure épouse de Normandie, douce comme un mouton ».

Le roman tout entier présente une réflexion sur la condition féminine. Le choix du titre, déjà (absence de prénom, patronyme du mari), souligne que la femme n'accède pas à une existence autonome : « Madame Bovary ! Eh ! Tout le monde vous appelle comme cela ! Ce n'est pas votre nom, d'ailleurs, c'est le nom d'un autre », dira Rodolphe (II, 9). À plusieurs reprises, Flaubert montre le personnage d'Emma tentant de ressembler à un homme, avec un « lorgnon d'écaille » (I, 2), des « cheveux en dessous, comme un homme » (II, 7), fumant la pipe (II, 9). La naissance de Berthe l'empêchant de vivre une vie masculine par personne interposée, c'est dans l'adultère qu'elle cherchera à se libérer des servitudes de sa condition. Or, cette tentative sera vouée à l'échec ; Emma sera victime de la veulerie masculine et, par une ironie très flaubertienne, on inscrira sur sa tombe, comme résumé et seule définition de sa vie, qu'elle fut une bonne épouse (III, 11).

La promenade sentimentale

Cette scène où rien ne se passe, où presque aucun mot n'est prononcé (« n'avaient-ils rien autre chose à se dire ») présente l'éveil de la sensualité (« ils sentaient une même langueur ») et prolonge ainsi l'épisode de la valse avec le vicomte. On remarque que Léon est le double presque exact d'Emma ; comme elle, il est en proie à l'ennui (« comme je m'ennuie ! »), il méprise son entourage (« il se trouvait à plaindre de vivre dans ce village ») et porte une attention démesurée à ses ongles.

Cette promenade pourrait être romantique : Flaubert s'attache à rendre la richesse des sensations, le jeu du soleil sur l'eau, toutes les nuances des couleurs. Son style se fait mélodieux, ample. On note des périodes*, aux cadences majeures. Par exemple de « C'était l'heure » à « tout autour d'elle » :

« C'était l'heure du dîner dans les fermes/
et la jeune femme et son compagnon n'entendaient en marchant/
que la cadence de leurs pas sur la terre du sentier/
les paroles qu'ils se disaient/
et le frôlement de la robe d'Emma qui bruissait tout autour d'elle. »

Mais toujours, par un effet de grincement très ironique, interviennent les éléments prosaïques qui nuisent à l'élévation du tableau : « fleurs flétries », « pas des bestiaux », « boue ». Et c'est dans un lieu-dit très communément nommé « la Pâture » que Léon s'en va rêver.

II - CHAPITRE 4

RÉSUMÉ

Les Bovary passent leur premier hiver à Yonville. Emma revoit régulièrement Léon, notamment lors de soirées organisées par le pharmacien. Pendant que Charles et Homais jouent aux dominos, puis s'endorment, le clerc et la jeune femme lisent des textes romantiques ou se parlent à voix basse. Une complicité amoureuse naît entre eux : Léon offre à Emma des plantes grasses, elle lui fait présent d'un tapis. Mais la jeune femme ne prend pas conscience de ses véritables sentiments.

COMMENTAIRE

L'amour adolescent

Léon est timide, il n'ose pas parler ; son amour reste silencieux et secret (« il écrivait des lettres qu'il déchirait ») ; le seul contact de la robe d'Emma lui paraît coupable (« il s'écartait comme s'il eût marché sur quelqu'un »). Quant à Charles, il lui paraît moins un rival qu'une sorte de prolongement mystérieux de la femme aimée (« Son mari, n'était-ce pas quelque chose d'elle ? »)

Tous ces traits se trouvent chez Frédéric Moreau : au début de *L'Éducation sentimentale*, on le voit notamment faire une véritable cour à M. Arnoux et rester totalement silencieux en présence de Marie.

C'est donc le thème, très cher à Flaubert et autobiographique, de l'adolescent amoureux d'une femme mariée, qui est ici développé. Comme pour renforcer ce thème, le chapitre met en scène un autre adolescent, un « enfant », Justin, qui est comme un double, encore plus timide et secret, de Léon et du jeune Flaubert en présence d'Élisa Schlésinger.

La dérision

Mais, quel que soit le caractère autobiographique de ce motif, il faut noter que, dans *Madame Bovary*, l'amour est traité sur le mode de la dérision. Les plantes grasses, que Léon rapporte « tout en se piquant les doigts à leurs poils durs », sont bien symboliques : ce sont des caricatures de fleurs ; les deux jeunes gens ne les aiment que parce que « le livre d'un romancier » les a mises « à la mode ». Il en va de même du tapis (que l'on foule aux pieds) offert par Emma. Quant à la tête phrénologique offerte à Charles, c'est un objet prétentieux (le médecin de campagne va jouer au savant), chargé d'« ironie décorative » (C. Duchet).

La frustration

L'image sur laquelle s'achève le chapitre, celle des « gouttières bouchées » est particulièrement intéressante : un sentiment qui ne trouve pas d'issue normale et que l'on contient trop longtemps finit par chercher d'autres voies, beaucoup plus dangereuses (image de la « lézarde dans le mur »). De plus, cette image s'inscrit dans la thématique générale du roman : ruine, pourriture, décomposition.

II - CHAPITRE 5

RÉSUMÉ

À l'occasion d'une visite à une filature de lin, Emma prend conscience de son mépris pour Charles et de son amour pour Léon. Elle décide de se montrer vertueuse. Quand le commerçant Lheureux vient lui proposer des écharpes, elle résiste à la tentation. Elle joue l'épouse et la mère modèles.

Mais elle souffre de la contrainte qu'elle s'impose. Elle se met à haïr son mari et finit par tomber malade.

COMMENTAIRE

L'amour, l'« ailleurs »

Il est significatif qu'avant de prendre conscience de l'amour qu'elle porte au jeune clerc, Emma éprouve un mépris violent pour son mari. Répulsion physique, d'abord, que rend particulièrement sensible le procédé de focalisation interne* : Emma prend en horreur non seulement ce qui est effectivement peu gracieux en lui (« il avait sa casquette enfoncée sur les sourcils et ses deux grosses lèvres tremblotaient »), mais même ce qui est le plus inexpressif, le dos (« son dos même, son dos tranquille était irritant à voir »). Mépris social, également (« il porte un couteau dans sa poche, comme un paysan »). En fait, Charles représente l'ordinaire, le monde réel, ce qui est là (« Charles était là »).

L'amour se présente précisément comme le refus du réel, le désir d'un « ailleurs » ; si Emma est attirée par Léon, c'est d'abord parce qu'il évoque des images idéales : l'azur du ciel (« son grand œil bleu, levé vers les nuages ») et le lointain (« ces lacs de montagne où le ciel se mire »).

Le refoulement

Amorcé dans la dernière phrase du chapitre précédent, ce thème est ici développé avec une précision clinique ; on notera l'emploi du verbe « refouler », en un sens très moderne : « Plus Emma s'apercevait de son amour, plus elle le refoulait. » Ce refoulement entraîne successivement :

— **l'exaltation du sacrifice**

Emma pousse jusqu'à des excès caricaturaux son souci de son mari et de sa fille. En fait, elle n'aime ni l'un ni l'autre, mais imite les héroïnes de roman (la Sachette de *Notre-Dame de Paris*) et s'admire elle-même (« l'orgueil, la joie de dire ''je suis vertueuse'' et de se regarder dans la glace en prenant des poses résignées ») ;

— **des manifestations psychosomatiques**

« Emma maigrit, ses joues pâlirent, sa figure s'allongea » ; « elle restait brisée, haletante, inerte, sanglotant à voix basse et avec des larmes qui coulaient ».

— **la haine**

Inassouvi, le désir se change en haine ; Emma parvient donc au résultat contraire de celui qu'elle avait cherché ; son mari, auquel elle a prétendu sacrifier sa passion, devient l'objet de sa haine : « elle aurait voulu que Charles la battît pour pouvoir plus justement le détester, s'en venger ».

— **un rapport trouble à l'argent**

Les dépenses sont un moyen pour Emma de compenser les frustrations affectives. Il est significatif que la première visite de Lheureux, dont le nom même semble promettre le bonheur, intervienne juste après la découverte du désir. Emma déclare qu'elle n'a « besoin de rien », elle reste « sage » (et le mot s'applique aussi à l'épouse fidèle), mais la tentation est déjà présente, et le texte souligne le lien entre « les appétits de la chair, les convoitises d'argent et les mélancolies de la passion ».

II - CHAPITRE 6

RÉSUMÉ

Emma évoque avec nostalgie le couvent de son enfance. Elle cherche du réconfort auprès de l'abbé Bournisien. Mais quand elle lui déclare qu'elle « souffre », le curé donne à ce mot un sens purement physique. La conversation n'est qu'une suite de quiproquos, Bournisien ramenant tout aux problèmes matériels. Emma le quitte donc et retrouve sa fille pour laquelle elle n'éprouve que dégoût. Elle la repousse si violemment que l'enfant se blesse.

Las d'« aimer sans résultat », Léon part pour Paris, au grand émoi de tout le village. Il fait ses adieux à Emma. Le soir qui suit son départ, Homais évoque devant les Bovary l'idée qu'il se fait de Paris, avant d'annoncer que les Comices agricoles* se tiendront cette année à Yonville.

COMMENTAIRE

Le malentendu

La scène entre Emma et l'abbé Bournisien est le second épisode dialogué du roman (pour le dialogue dans *Madame Bovary*, cf. les remarques à propos de II, 2). Ici, le dialogue est fait d'une suite de malentendus et de quiproquos : « Je souffre. — Eh bien ! moi aussi, reprit l'ecclésiastique. Ces premières chaleurs, n'est-ce pas [...] — Vous soulagez toutes les misères. — Ah ! ne m'en parlez pas, madame Bovary ! Ce matin même, il a fallu que j'aille dans le Bas-Diauville pour une vache. »

Ce décalage est grinçant. Loin d'être le lieu de la communication, le dialogue souligne au contraire la solitude et l'impossibilité de communiquer entre les deux personnages. Le texte fustige la médiocrité du prêtre, préoccupé de problèmes de digestion, au moment même où il se présente pompeusement comme le « médecin des âmes ». Mais l'égoïsme d'Emma transparaît également : « Qu'importe ? », dit-elle, quand le prêtre évoque la misère de certaines femmes.

L'enfant

Avec Berthe, Emma se montre tour à tour brutale, anxieuse de manière déraisonnable (« cassa le cordon de la sonnette »), hypocrite (« la petite qui, en jouant, vient de se blesser par terre »), méprisante (« C'est une chose étrange comme cette enfant est laide »). Le texte souligne que l'enfant n'est pas traitée comme une personne, mais comme un objet sur lequel la mère se défoule de toutes ses frustrations.

Le mythe de Paris

Le chapitre renvoie un écho du chapitre 9 de la première partie : pour Léon, comme pour Emma, Paris est le lieu du rêve, de l'« ailleurs »

(« Paris agita pour lui, dans le lointain, la fanfare de ses bals masqués ») ; un « ailleurs » dans lequel il ne se hâte point de se rendre, comme s'il craignait de confronter la réalité à son rêve. Quant à Homais, il dispose lui aussi d'une série de clichés sur Paris (« les bals masqués ! le champagne ! »). Paris est un mythe, constitué par les rêves et les manques que tous les provinciaux y projettent.

À noter, dans ce chapitre consacré au départ, une image très originale de fermeture. La fenêtre, symbole de l'ouverture, se trouve ici, paradoxalement, comparée à un « mur de plâtre ».

II - CHAPITRE 7

RÉSUMÉ

Après le départ de Léon, Emma connaît une nouvelle dépression. Elle achète une écharpe à Lheureux, se montre capricieuse, instable et extravagante.

Un jour de marché, un propriétaire foncier, Rodolphe Boulanger, conduit un de ses fermiers chez Bovary, pour une saignée. Charles se montre particulièrement maladroit, mais Rodolphe aperçoit Emma, apprécie le corps de la jeune femme, devine sa solitude et décide de la séduire.

COMMENTAIRE

La dépression

Les thèmes des chapitres 7 et 9 de la première partie sont ici repris (« comme au retour de la Vaubyessard », « les mauvais jours de Tostes recommencèrent »). Cette reprise est tragique : rien n'a changé, contrairement à ce qu'avait pensé Emma en s'installant à Yonville (II, 2 : « elle ne croyait pas que les choses pussent se représenter les mêmes à des places différentes ») ; le temps est totalement fermé ; c'est celui de la répétition.

Flaubert décrit à nouveau les symptômes psychosomatiques de la dépression (« des défaillances la prenaient »), l'altération de la physionomie, liée à la frustration (« elle gardait aux coins de la bouche cette immobile contraction qui plisse la figure des vieilles filles »). Il souligne la modification du comportement : l'instabilité (que traduit en particulier le perpétuel changement de coiffure), les « accès », l'apathie. Le lien entre dépenses et frustration, esquissé au chapitre 5, est repris avec plus de netteté : « Une femme qui s'était imposé de si grands sacrifices pouvait bien se passer des fantaisies. »

L'illusion de l'amour

L'amour qu'Emma croit éprouver est en fait une illusion, une duperie inconsciente : « Elle prit même les répugnances du mari pour des aspirations vers l'amant. » Le cliché de l'amour-feu ou flamme est repris et transformé, de manière sinistre, en amour-cendre ; le texte conduit le lecteur de la chaleur d'un « feu de voyageurs » à des « flammes » qui s'apaisent, à un amour qui « peu à peu » s'éteint, et enfin « aux cendres », au « froid ».

Le séducteur

Rodolphe Boulanger apparaît un jour où Emma, qui d'ordinaire reste « les volets fermés », se trouve « accoudée à sa fenêtre » (désir d'ouverture, de fuite).

Son nom est très ironique, si l'on rapproche le nom de sa propriété, la *Huchette*, de la huche à pain, donc du boulanger ; l'homme se présente comme un « monsieur », bien que ses « fortes guêtres » le rapprochent du monde paysan ; malgré ses rentes, il cultive « lui-même » ses deux fermes. On notera également — autre effet de l'ironie flaubertienne — que c'est Charles lui-même, au terme d'une scène où il a brillé par son manque de psychologie, qui met sa femme en présence de Rodolphe : « Ma femme ! Ma femme ! appela Charles. »

Avant d'écrire *Madame Bovary*, Flaubert avait eu l'intention de raconter « une nuit de Don Juan » : Rodolphe a certains traits du personnage. Il est significatif que sa principale occupation soit la chasse ; il agit avec Emma comme avec du gibier, l'observant froidement afin de trouver son point faible : « Ça bâille après l'amour comme une carpe après l'eau sur une table de cuisine. » Comme Don Juan, il n'aime que le plaisir de la capture : « oui, mais comment s'en débarrasser ensuite » (cf. Molière, *Dom Juan*, acte I, sc. 2 : « Quoi ? Tu veux qu'on se lie... »).

De tous les regards masculins posés sur Emma, celui de Rodolphe est le seul qui la « déshabille » ; le séducteur guette le jupon qui s'évase, les « inflexions du corsage ». L'apparition du personnage marque donc une étape nouvelle dans ce que l'on pourrait appeler le « processus » de l'infidélité, après la rêverie (le vicomte) et l'amour platonique (Léon).

II - CHAPITRE 8

RÉSUMÉ

Les Comices agricoles* ont lieu à Yonville. Le village est en fête : Homais explique à Mme Lefrançois qu'il est plus compétent que les paysans eux-mêmes pour juger des problèmes agricoles. L'aubergiste évoque les manœuvres de Lheureux qui a ruiné Tellier, le propriétaire du Café français.

En compagnie de Rodolphe, Emma parcourt le pré en observant les animaux, l'arrivée des notables, l'installation du public. Ensuite, les jeunes gens s'isolent au premier étage de la mairie. Les déclarations amoureuses de Rodolphe sont présentées en alternance avec les discours officiels et l'énoncé des récompenses. Emma cesse progressivement toute résistance, tandis qu'une vieille servante reçoit une médaille dérisoire pour cinquante-quatre ans de service.

La fête s'achève par un festin et un feu d'artifice, dont Homais présente un compte rendu dans le *Fanal de Rouen*.

COMMENTAIRE

Une « symphonie »

Ce chapitre occupe la place centrale du roman et c'est l'un des plus longs de l'œuvre ; la composition en est particulièrement soignée, Flaubert ayant voulu « poser à la fois, dans la même conversation, cinq ou six personnages (qui parlent), plusieurs autres (dont on parle), le lieu où l'on est, tout le pays, en faisant des descriptions physiques de gens et d'objets, et montrer, au milieu de tout cela, un monsieur et une dame qui commencent (par sympathie de goûts) à s'éprendre un peu l'un de l'autre » (*Lettre à Louise Colet*, 19 septembre 1852). Tout l'art du chapitre réside donc dans la multiplicité des motifs qui se mêlent, à la manière de thèmes musicaux : « Si jamais les effets d'une symphonie ont été reportés dans un livre, ce sera là ! » (*Lettre à Louise Colet*, 12 octobre 1853).

Le grotesque

Le mélange des motifs vise à produire un effet comique. Ainsi l'alternance entre les discours officiels et les paroles tendres de Rodolphe tient-elle de la farce, surtout au moment où les répliques s'enchaînent sans transition (par exemple : « je suis resté. — Fumiers » ; ou : « je serai quelque chose dans votre pensée, dans votre vie ? — Race porcine, prix *ex aequo* à MM. Lehérissé et Cullembourg »). La juxtaposition du banal, voire du trivial (les noms propres sont fort ridicules), et des déclarations de Rodolphe dénonce la fausseté du discours romantique.

Les impostures de la parole

Deux longs textes sont intégrés à ce chapitre : un discours (prononcé par le conseiller Lieuvain, dont le nom suggère la vanité, le creux), et un article de journal (œuvre d'Homais, dont la rhétorique est toujours artificielle et creuse). Ces deux textes, de même que les déclarations mensongères de Rodolphe, sont ridicules, par le décalage constant entre la trivialité des sujets et la prétention de la forme (« Que ces comices soient pour vous comme des arènes pacifiques [...] »).

D'autre part, la parole de ces bourgeois s'empare du travail des humbles, elle le confisque : « Croyez-vous qu'il faille, pour être agronome, avoir soi-même labouré la terre ? » A leurs grands mots s'oppose le silence de la servante : « dans la fréquentation des animaux, elle avait pris leur mutisme et leur placidité ». Face aux « bourgeois épanouis », elle a « une rigidité monacale » ; tandis que « mollement, sans effort », les doigts d'Emma et de Rodolphe se confondent, elle a les mains d'une orante, « entr'ouvertes, comme pour présenter d'elles-mêmes l'humble témoignage de tant de souffrances subies ».

Pour le portrait de la servante, voir le plan de commentaire composé, p. 114.)

II - CHAPITRE 9

RÉSUMÉ

Après les Comices agricoles*, Rodolphe part à la chasse, puis revient courtiser Emma. Au moment où il va lui faire sa déclaration, Charles entre dans la pièce. Rodolphe le flatte et lui conseille des promenades à cheval pour sa femme. Charles trouve l'idée fort bonne et c'est lui-même qui insiste pour qu'Emma aille se promener avec Rodolphe.

Leur première promenade les conduit au sommet d'une côte, dans la forêt. Après une brève résistance, la jeune femme se donne à Rodolphe. À son retour à Yonville, elle se sent pleine d'enthousiasme à l'idée d'avoir un amant. Les jours suivants, elle revoit Rodolphe dans la forêt, puis le matin, à la Huchette.

COMMENTAIRE

La découverte de l'amour

Après le mariage, la valse avec le vicomte, la liaison platonique avec Léon, ce chapitre représente la dernière étape, celle de l'abandon physique. Le texte a beau ne donner aucun détail (on notera l'absence de transition entre « elle s'abandonna » et « les ombres du soir descendaient »), il suggère la découverte du plaisir sexuel (« défaillante », « avec un long frémissement », « elle sentait son cœur dont les battements recommençaient », « les dernières vibrations de ses nerfs émus »).

Ce changement entraîne une modification immédiate du physique. Alors que, dans le chapitre 7, Emma avait le visage d'une « vieille fille », la voici transformée : « Jamais elle n'avait eu les yeux si grands, si noirs, ni d'une telle profondeur. Quelque chose de subtil épandu sur sa personne la transfigurait. » Il s'agit d'un nouveau stade de sa croissance (« une autre puberté »).

La stratégie du séducteur

Grand chasseur, Rodolphe calcule tout (« son calcul avait été bon ») ; il possède à merveille les postures romantiques qui plaisent à Emma (« se laissait glisser du tabouret jusqu'à terre ») et surtout le langage creux du faux amour. Il se pare, pour mieux séduire la jeune femme

Emma et Rodolphe à cheval, gravure d'E. Boilvin pour *Madame Bovary* (1875)

(« longues bottes molles ») — ce que Flaubert, dans ses notes, appelait sa « toilette putain » (« en effet, Emma fut charmée de sa tournure »). Mais derrière ces apparences, il dissimule la brutalité d'un sensuel pour qui seul compte le corps (« quelque chose de sa nudité »). Après l'abandon d'Emma, rien de moins sentimental que son attitude (« Rodolphe, le cigare aux dents, raccommodait avec son canif une des deux brides cassée »). Il reste d'une prudence extrême et ne perd jamais vraiment la tête : il est aux aguets (« on entendit un bruit de sabots dans la cuisine et la porte de la salle, il s'en aperçut, n'était pas fermée ») ; enfin, il s'agace de voir Emma venir trop souvent.

Le contrepoint grotesque

Les réactions de Charles sont celles d'un sot. C'est lui-même qui semble donner sa femme au séducteur, comme le suggère le choix des mots : « Charles écrivit à M. Boulanger que sa femme était à sa disposition et qu'il comptait sur sa complaisance. » Après l'adultère, « son mari, au dîner, lui trouva bonne mine ». Cette attitude, ajoutée aux propos d'Homais (« De la prudence, surtout ! De la prudence ! ») qui peuvent être pris à double sens, enlève volontairement à l'épisode tout véritable « sublime » ; le romantisme est immédiatement démystifié par le grotesque.

II - CHAPITRE 10

RÉSUMÉ

Surprise par Binet alors qu'elle va voir Rodolphe, Emma décide de recevoir désormais son amant chez elle. Ils se rencontrent la nuit dans le jardin et même dans le bureau de Charles.

Peu à peu, l'amour se tarit. Rodolphe se lasse de la tendresse d'Emma ; celle-ci reçoit une lettre de son père qui l'emplit de nostalgie. Elle rêve à la pureté de son enfance et décide de revenir à son mari.

L'érosion du temps

Comme il l'avait montré à propos des regrets qu'Emma avait de Léon (II, 7), le texte souligne l'érosion des sentiments. L'amour ne résiste pas au temps (« leur grand amour parut se diminuer sur elle »). Même les émotions de la transgression s'émoussent : « Au bout de six mois, quand le printemps arriva, ils se trouvaient, l'un vis-à-vis de l'autre, comme deux mariés qui entretiennent paisiblement une flamme domestique. »

La fausseté des sentiments

Depuis le début, le roman montre Emma incapable d'aimer vraiment, en proie à des sentiments artificiels et faux (cf. I, 6).

Elle associe nécessairement au grand amour tout un cortège de clichés (« miniatures », « poignées de cheveux », « voix de la nature »). De plus, elle s'aveugle volontairement : « Elle aperçut la vase. Elle n'y voulait pas croire. » En effet, douter de la réalité de ses sentiments serait renoncer à l'image de « grande amoureuse » qu'elle s'est forgée. Or, elle n'existe que par les images qu'elle a d'elle-même.

La nostalgie de la pureté

En même temps, malgré sa « chute », Emma garde une profonde innocence : « Il en avait possédé si peu d'une candeur pareille ! Cet amour sans libertinage était pour lui quelque chose de nouveau. »

Emma ressemble beaucoup au poète baudelairien : elle a une conscience aiguë de sa dégradation : « Quelle abondance d'illusions ! Il n'en restait plus maintenant ! Elle en avait dépensé à toutes les aventures de son âme, par toutes les conditions successives, dans la virginité, dans le mariage et dans l'amour, les perdant ainsi continuellement le long de sa vie. » Et elle éprouve une nostalgie profonde du « vert paradis » de l'enfance et de la pureté (cf. I, 7 : « avec ses cheveux en tresse, sa robe blanche... »). Cette nostalgie est réveillée par la lettre du père Rouault, dont la maladresse s'oppose à l'habileté du séducteur (« Les fautes d'orthographe s'y enlaçaient les unes aux autres »). Les images qui évoquent l'enfance sont lumineuses (« des soirs d'été tout pleins de soleil [...] les abeilles, tournoyant dans la lumière [...] comme des balles d'or rebondissantes »). Elles s'opposent à « la vase » qu'Emma a découverte au fond de son grand amour.

II - CHAPITRE 11

RÉSUMÉ

Poussé par Emma et par Homais, Charles tente d'opérer le pied bot d'Hippolyte, le garçon du *Lion d'or*. Après de savantes lectures, il pratique l'intervention, qui semble d'abord un succès.

Mais la jambe ayant été immobilisée dans une machine, la gangrène l'attaque et le docteur Canivet, de Neufchâtel, est obligé de l'amputer. Emma conçoit alors un immense mépris pour son mari. Elle revient à Rodolphe.

COMMENTAIRE

L'échec

Cet épisode reprend, en l'amplifiant, la scène initiale de la casquette. Charles se présente plus que jamais comme un médiocre, et tout d'abord aux yeux d'Emma qui tente, en l'incitant à risquer cette opération, de recouvrer un peu d'estime pour son époux.

On remarque d'abord que l'initiative ne vient pas de lui : « Charles, sollicité par l'apothicaire et par elle, se laissa convaincre. » Depuis le début du roman, Charles est celui qui obéit : à sa mère, à sa première épouse, puis à Emma. Il manque donc de cette énergie, de cet esprit d'initiative qui poussent le héros balzacien à prendre en main sa destinée.

D'autre part, le traitement de l'épisode souligne le contraste entre les efforts de Bovary et leur pitoyable résultat. Le texte montre le médecin absorbé dans ses études (« tous les soirs, se prenant la tête entre les mains, il s'enfonçait dans cette étude »), puis pratiquant l'intervention.

Alors la phrase de Flaubert se fait épique, soutenue par un double rythme ternaire :

« Ni Ambroise Paré [...] */ ni Dupuytren* [...] */ ni Gensoul* [...] */*
n'avaient certes
le cœur si palpitant,/ la main si frémissante,/ l'intellect aussi tendu/
*que M. Bovary quand il approcha d'Hippolyte, son ténotome * entre les doigts. »*

Son impuissance éclate, par contraste, avec d'autant plus de force : « Bovary en était malade lui-même. »

L'épisode aurait été inspiré à Flaubert par un échec de son père, qui avait, lui aussi, entrepris de guérir un pied bot. L'opération ne se termina pas de manière aussi lamentable que celle d'Hippolyte, mais le malade ne fut pas guéri. Il est intéressant de noter cette allusion irrévérencieuse à un père que Flaubert avait admiré et redouté ; cette allusion est compensée ensuite (III, 8) par l'apparition grandiose du docteur Larivière, autre substitut, admirable celui-là, du docteur Achille-Cléophas Flaubert.

Enfin on remarquera le jeu, toujours ironique, sur les noms propres : Hippolyte (en grec : celui qui délie les chevaux), garçon d'écurie, souffre d'un équin* (du latin *equus* : cheval).

La décomposition

Le texte décrit avec complaisance la montée de la pourriture dans la jambe d'Hippolyte (« une tuméfaction livide », « un liquide noir »). Ce « liquide noir », c'est celui qui jaillira de la bouche d'Emma, après sa mort (III, 9). Avant le portrait atroce de l'aveugle (III, 5) des yeux duquel coulent « des liquides qui se figent en gale verte », Flaubert annonce, avec force, le thème de la décomposition auquel faisaient déjà allusion la dégradation du curé de plâtre, couvert de « gales blanches » (I, 9), la pourriture des fœtus dans la vitrine du pharmacien (II, 1), celle de la voûte de l'église d'Yonville (II, 1).

Il s'agit d'une obsession majeure de Flaubert, qui a raconté à quel point il était fasciné par la morgue : « Que de fois, avec ma sœur, n'avons-nous pas grimpé au treillage et, suspendus entre la vigne, regardé curieusement les cadavres étalés ! Le soleil donnait dessus, les mêmes mouches qui voltigeaient sur nous et sur les fleurs allaient s'abattre là, revenaient, bourdonnaient » (*Lettre à Louise Colet,* 7-8 juillet 1853).

Il n'est pas étonnant que ce thème soit évoqué dans un chapitre qui traite de l'échec humain. La médiocrité des hommes et la putréfaction des choses sont profondément liées, présentant l'image d'une réalité pareillement décevante et angoissante.

Un épisode décisif

Cette décomposition physique, qui préfigure la mort d'Emma, est aussi à mettre en relation avec la détérioration du couple Bovary ; pendant quelques jours, Emma, croyant au succès de l'opération, a pu

« éprouver quelque tendresse pour ce pauvre garçon qui la chérissait ». Flaubert note, avec quelque ironie : « Elle remarqua même qu'il n'avait point les dents vilaines. » Sa déception n'en sera que plus amère : après le fiasco de cette opération qui lui apporte la preuve décisive de la médiocrité de Charles, Emma ne pourra plus que se réfugier dans la solitude de son univers imaginaire.

On notera enfin l'effet de symétrie qui oppose les deux opérations tentées par Charles : tandis que la première, celle de la jambe cassée du père Rouault, lui permet d'épouser Emma, la seconde, pitoyablement ratée, l'en éloigne définitivement.

II - CHAPITRE 12

RÉSUMÉ

Emma est de plus en plus attachée à Rodolphe. Elle se ruine en produits de beauté et en bijoux, à la grande admiration du petit Justin. Elle couvre son amant de cadeaux et finit par voler son mari. Exaspérée par sa belle-mère, elle supplie son amant de l'enlever. Tandis que Charles rêve à une vie heureuse entre sa femme et sa fille, elle s'imagine avec Rodolphe dans des pays lointains. L'avant-veille du jour fixé pour leur départ, elle revoit son amant au bord de la rivière, pendant la nuit.

COMMENTAIRE

L'amour et la corruption

La passion d'Emma la corrompt tout entière : elle devient haineuse (« Plus elle se livrait à l'un, plus elle exécrait l'autre »), hypocrite (« Alors, tout en faisant l'épouse et la vertueuse, elle s'enflammait »), plus artificielle que jamais (on retrouve le motif des ongles, limés « avec un soin de ciseleur »), dépensière (« Emma s'abandonnait à cette facilité de satisfaire tous ses caprices »), voleuse (« Elle jeta l'or au fond de son tiroir »). Le texte suggère le désordre sexuel : « Rodolphe jugea toute pudeur incommode, il la traita sans façon. Il en fit quelque chose de souple et de corrompu [...] Par l'effet seul de ses habitudes amoureuses, Mme Bovary changea d'allures. »

Le malentendu

Or, au moment même où elle croit vivre un grand roman d'amour, Emma ne s'aperçoit pas que son amant « se tient en arrière ». Flaubert souligne à ce propos l'extrême fragilité du langage : « Personne, jamais, ne peut donner l'exacte mesure de ses besoins, ni de ses conceptions, ni de ses douleurs, et la parole humaine est comme un chaudron fêlé où nous battons des mélodies à faire danser les ours quand on voudrait attendrir les étoiles. »

Cette solitude irréductible est particulièrement sensible quand Flaubert présente, en deux tableaux symétriques, les rêves de Charles et ceux d'Emma. Encadrés par deux évocations du berceau de Berthe, les deux textes sont au discours indirect libre* (d'où une grande ressemblance formelle) ; dans les deux cas, ils évoquent des projets qui ne se réaliseront pas ; ils présentent tous deux un avenir perçu comme éternel (« Il la rendrait heureuse ; cela durerait toujours » ; « Les jours, tous magnifiques, se ressemblaient comme des flots ; et cela se balançait à l'horizon infini »).

Mais le rêve de Charles est réaliste (il pense à « une petite ferme », à « la caisse d'épargne ») alors qu'Emma n'a nul souci des contingences matérielles. Il tend à la stabilité (« maison », « lampe », « pantoufles »), tandis qu'Emma voit un univers en mouvement (« Au galop de quatre chevaux elle était emportée [...] Ils allaient, ils allaient »). La rêverie de Charles ne l'éloigne pas du monde connu (« aux environs ») ; celle d'Emma est nourrie d'exotisme. Pour bien marquer cette différence, le texte montre Charles qui « s'assoupissait », tandis qu'Emma « se réveillait en d'autres rêves ». Enfin chacun des rêves tend à détruire l'autre : Charles voit son épouse près de lui, alors que le rêve d'Emma ne se construit, précisément, que dans le départ loin du mari.

Comme pour reprendre ce thème du malentendu, la dernière scène du chapitre présente une rencontre illusoire : Emma croit partir, tandis que Rodolphe sait qu'elle ne partira pas. La scène se termine par une séparation que souligne le brusque changement de focalisation* : le texte adopte le regard d'Emma (« Elle le regarda s'éloigner ») puis celui de Rodolphe (« Il la vit avec son vêtement blanc peu à peu s'évanouir dans l'ombre »).

II - CHAPITRE 13

RÉSUMÉ

Après avoir fait l'inventaire de ses souvenirs d'amour, Rodolphe écrit à Emma pour lui annoncer qu'il ne partira pas. Quand Emma reçoit sa lettre, elle s'enfuit dans le grenier où elle est tentée de se suicider en se jetant par la fenêtre. Mais Charles l'appelle et elle descend dîner. Elle reste cependant comme hébétée et, en entendant passer la voiture de Rodolphe, elle tombe évanouie. Pendant quarante-trois jours, elle est en proie à une fièvre cérébrale. Enfin convalescente, elle se promène dans le jardin avec Charles, mais en voyant le banc sur lequel elle retrouvait Rodolphe, elle retombe malade.

COMMENTAIRE

Don Juan

Il est fort significatif que ce soit sous une « tête de cerf faisant trophée » que Rodolphe passe en revue ses trophées amoureux. Dans un développement que l'on pourrait rapprocher du célèbre « Air du catalogue » de *Don Giovanni*, Flaubert évoque les restes des amours défuntes : « ce tas de papiers et de choses ». Il insiste sur les cheveux, les traces les plus sensuelles et les plus fragiles (« quelques-uns même, s'accrochant à la ferrure de la boîte, se cassaient quand on l'ouvrait »).

Or cette abondance cache une profonde misère affective — la misère de celui qui s'est contenté de conquérir sans aimer : « Il ne se rappelait rien » ; « les plaisirs [...] avaient tellement piétiné son cœur que rien de vert n'y poussait. » Flaubert qui avait rêvé d'écrire « une nuit de Don Juan », souligne un élément majeur du donjuanisme, la lassitude : « Il s'amusa pendant quelques minutes [...]. Enfin, ennuyé, assoupi [...]. Quel tas de blagues ! »

Les mensonges de l'écriture

La lettre de rupture est à rapprocher de celle qu'Emma a reçue de son père (II, 10) : malgré « les fautes d'orthographe », il fallait « poursuivre la pensée douce qui caquetait tout au travers, comme une poule à demi-cachée dans une haie d'épines ». Le langage était vu alors comme un obstacle (« une haie d'épines »), que la pensée arrivait péniblement à surmonter. Rodolphe, lui, maîtrise parfaitement les mots : « Voilà un mot qui fait toujours de l'effet. » Chaque phrase est choisie avec soin de manière, non à dire, mais à dissimuler ; la dissonance la plus significative est causée par l'emploi du cachet *amor nel cor* pour clore cette lettre, écrite par un cœur sans amour.

Dans les deux cas, et pour des raisons différentes, on voit donc le profond décalage qui sépare la pensée de l'écriture. Reflet peut-être de l'angoisse de l'auteur, luttant avec les mots, les trouvant toujours insuffisants et décevants : « Oh mon Dieu ! Si j'écrivais le style dont j'ai l'idée, quel écrivain je serais » (*Lettre à Louis Colet*, 16 janvier 1852).

La folie

Avec une extrême précision, Flaubert décrit les différentes étapes de la crise nerveuse que traverse Emma : perte du lien avec le monde extérieur (« d'un œil hagard », « elle n'entendit rien »), vertige suicidaire, accompagné de troubles visuels et auditifs (« le rayon lumineux qui montait d'en bas directement tirait vers l'abîme le poids de son corps. Il lui semblait que le sol de la place oscillante s'élevait le long des murs [...] Une voix furieuse qui l'appelait »), hébétude (« Elle déplia sa serviette comme pour en examiner les reprises et voulut réellement s'appliquer à ce travail, compter les fils de la toile »), puis crise hystérique (« elle tomba raide par terre, à la renverse » ; elle « avait le long du corps des mouvements convulsifs »), suivie d'une torpeur profonde et, ensuite, de tout un cortège de maux psychosomatiques (« Tantôt elle souffrait au cœur, puis dans la poitrine, dans le cerveau, dans les membres ; il lui survint des vomissements »).

Tous ces éléments se retrouveront, amplifiés, dans les chapitres 7 et 8 de la troisième partie. Certaines de ces manifestations ont été rapprochées des troubles dont Flaubert souffrit périodiquement, à partir de janvier 1844, et dont Maxime Du Camp a laissé une description précise : « Il disait : ''J'ai une flamme dans l'œil gauche'', puis, quelques secondes après : ''J'ai une flamme dans l'œil droit, tout me semble couleur d'or.'' Cet état singulier se prolongeait quelquefois plusieurs minutes ; [...] Puis son visage pâlissait encore plus et prenait une expression désespérée [...] Il poussait une plainte [...] et la convulsion le soulevait. À ce paroxysme succédaient invariablement un sommeil profond et une courbature qui durait pendant plusieurs jours. »

On s'est interrogé sur la nature de ce mal : troubles hystériques, traduisant un malaise profond devant l'existence ? Ou, comme le pensent généralement les médecins, crises d'épilepsie, qui se manifestent précisément par « une aura visuelle à point de départ temporo-occipital gauche » ? Il est certain en tout cas que Flaubert a « prêté ses nerfs à son héroïne » (C. Gothot-Mersch).

La mort libératrice

On notera que, comme dans le *Voyage* de Baudelaire, la mort apparaît comme la seule évasion véritable. Le suicide semble promettre à Emma le départ que lui refuse son amant. C'est ce que suggère l'image du navire : « Le plancher s'inclinait par le bout, à la manière d'un vaisseau qui tangue. » Pour la première fois Emma, toujours enfermée, se trouve « entourée d'un grand espace » et comme libérée : « Le bleu du ciel l'envahissait, l'air circulait dans sa tête creuse. »

II - CHAPITRE 14

RÉSUMÉ

Charles s'endette à son tour auprès de Lheureux dont les affaires réussissent à merveille dans toute la région. Emma, convalescente, se tourne vers la dévotion. Elle ne remarque pas l'amour silencieux du petit Justin. Un jour, après une dispute avec l'abbé Bournisien, Homais conseille à Charles d'emmener sa femme au spectacle à Rouen.

COMMENTAIRE

Le petit Justin

Cette figure ressemble un peu à celle de Chérubin, dans *Le Mariage de Figaro*, de Beaumarchais (II, 12 : « Tu es toujours à fourrager du côté des femmes ; attends, pour te mêler de ça, méchant mioche, que tu aies de la barbe au menton ») ; en Emma, c'est la femme qu'il découvre, pour la première fois (« Ce fut pour lui, le pauvre enfant, comme l'entrée subite dans quelque chose d'extraordinaire et de nouveau dont la splendeur l'effraya »). Il n'éprouve pour elle qu'une vénération silencieuse et muette ; à ses yeux, elle est une dame (II, 12 : « Est-ce que c'est une dame comme Madame ?) Il admire ses bottines (II, 12 : « Comme tu as peur de les abîmer ») et ses cheveux (« Cette chevelure entière qui descendait jusqu'aux jarrets en déroulant ses anneaux noirs »).

Le thème de l'adolescent amoureux d'une femme mariée a déjà été esquissé avec la figure de Léon (II, 2-6) ; c'est un thème autobiographique (amour du jeune Flaubert pour Élisa Schlésinger) qui reparaîtra, avec force, dans *L'Éducation sentimentale.*

Dans *Madame Bovary*, Justin, quoique tourmenté par les problèmes charnels (III, 2), représente une forme de pureté et d'innocence. Après la mort d'Emma, il est, avec Charles, le seul à penser à elle (III, 10), tandis que Rodolphe et Léon dorment tranquillement. Or, malgré cette innocence, ou peut-être précisément à cause d'elle, c'est lui qui permet à Emma de mourir, en lui facilitant l'accès au capharnaüm, et il est incapable de l'empêcher d'absorber l'arsenic (III, 8 : « Il se désespérait, voulait appeler »). Tout le pessimisme de Flaubert se reflète dans ce motif ; l'innocence n'est que faiblesse — une faiblesse qui cause la mort de l'être aimé.

Le mysticisme d'Emma

Flaubert reprend ici les thèmes ébauchés dans la première partie (I, 6) et repris dans la seconde (II, 6) ; les frustrations affectives d'Emma engendrent un mysticisme malsain : « Elle adressait au Seigneur les mêmes paroles de suavité qu'elle murmurait jadis à son amant, dans les épanchements de l'adultère. » D'autre part, bien que ridicule (« Ta colique est-elle passée, mon ange ») et spectaculaire (« sur son prie-dieu gothique »), la dévotion d'Emma révèle son dégoût des souillures, son aspiration baudelairienne à l'Idéal (« Elle entrevit, parmi les illusions de son espoir, un état de pureté flottant au-dessus de la terre, se confondant avec le ciel »). Baudelaire lui-même a écrit, à propos d'Emma : « Cette bizarre Pasiphaé, reléguée dans l'étroite enceinte d'un village, poursuit l'Idéal. »

Or cette quête est vouée à l'échec ; la religion ne lui propose que des modèles mesquins (« des espèces de romans à cartonnage rose et à style douceâtre »). L'abbé Bournisien n'est pas « très versé dans ses matières », il a un « rire opaque » et ne sait que s'en référer à l'autorité : « Si l'Église a condamné les spectacles, c'est qu'elle avait raison ; il faut nous soumettre à ses décrets. »

II - CHAPITRE 15

RÉSUMÉ

Le soir de la représentation, les Bovary arrivent en avance. La salle se remplit de commerçants. Enfin le spectacle commence. Emma s'enthousiasme pour le ténor Lagardy, tandis que Charles ne comprend rien à l'intrigue. À l'entracte, il rencontre Léon et le ramène auprès de sa femme. Dès lors, le spectacle n'intéresse plus Emma. Au café, où le jeune clerc et les Bovary finissent la soirée, Charles propose à sa femme de rester un jour de plus.

COMMENTAIRE

Une figure idéale

On note de grandes ressemblances entre cet épisode et celui du bal à la Vaubyessard. Dans les deux cas, Emma croit retrouver un peu de ses lectures d'autrefois. Comme autrefois le vicomte, le ténor Lagardy apparaît, de manière plus nette encore, comme un amant de rêve, l'« incarnation de l'amour même », une figure virile (« se réfugier en sa force ») qui peut permettre l'évasion (« Enlève-moi, emmène-moi, partons ! »).

La duperie

Mais cette image idéale n'est qu'une apparence : le ténor cache un « cabotin diplomate », une « admirable nature de charlatan où il y avait du coiffeur et du toréador ». Quant à la salle, loin d'être le lieu de l'évasion véritable, elle n'est que le rendez-vous des bourgeois : « Ils venaient se délasser dans les beaux-arts des inquiétudes de la vente ; mais n'oubliant point les affaires. » Le style souligne cette discordance ; par un jeu d'assonances, Flaubert établit « comme une boiterie du texte » (C. Duchet). On note ici le rapprochement ironique des homonymes « pomme » et « paume » : « Les jeunes beaux se pavanaient [...] étalant [...] leur cravate rose ou vert-pomme [...] appuyant sur des badines à pomme d'or la paume tendue de leurs gants jaunes ». On note un rapprochement semblable au début du roman (I, 3 : « Emma, de temps à autre, se rafraîchissait les joues en y appliquant la paume de ses mains, qu'elle refroidissait après cela sur la pomme de fer des grands chenets »). Ce jeu d'échos a été longuement mûri puisqu'il n'existe pas dans les premières versions du texte : les mots se répondent pour suggérer que, malgré la prétention des choses à l'originalité (les cravates raffinées, les badines dorées, les gants jaunes), la même médiocrité fondamentale les unit. Le roman est donc bien, et jusque dans ses plus petits détails, ce que Flaubert voulait qu'il soit, un « livre tout en calcul et en ruses de style, une chose voulue, factice (*Lettre à Louise Colet*, 21-22 mai 1853).

Le retour de Léon

Emma n'aime pas vraiment la musique : dès que paraît Léon, elle cesse de s'intéresser au spectacle, pour ne plus être que sensualité : « Elle se sentait frissonner sous le souffle tiède de ses narines [...] La pointe de sa moustache lui effleura la joue. »

On remarque, une fois de plus, que Charles facilite la tâche du séducteur. C'est lui qui le retrouve et c'est lui qui propose à Emma de rester. Ainsi se reproduit la situation grotesque du chapitre 9 où le mari écrivait à l'amant que « sa femme était à sa disposition et qu'il comptait sur sa complaisance ».

Dans le même sens, on retrouve un motif important : le lien de Charles avec le froid (« il en versa trois quarts sur les épaules d'une Rouennaise [...] qui, sentant le liquide froid lui couler dans les reins, jeta des cris de paon »), tandis que l'amant évoque le chaud ; Léon a le « souffle tiède » ; « Il fait une chaleur... »

III - CHAPITRE 1

RÉSUMÉ

Après le départ de Charles, Léon retrouve Emma ; il lui déclare qu'il n'a jamais cessé de l'aimer et ils s'exaltent en évoquant un passé qu'ils idéalisent. Ils prennent rendez-vous pour le lendemain, à la cathédrale. La nuit, Emma écrit une lettre, pour se dégager du rendez-vous, mais comme elle ignore l'adresse du jeune homme, elle décide de la lui remettre elle-même.

Le lendemain, Léon attend Emma dans la cathédrale. Un suisse leur fait visiter l'édifice : ses commentaires exaspèrent le clerc. Il entraîne Emma dans un fiacre où elle se donne à lui.

COMMENTAIRE

Mensonge et duperie

Le premier entretien d'Emma et de Léon est placé sous le signe du mensonge. Le jeune homme, qui a suivi les Bovary, prétend avoir été guidé vers l'hôtel « au hasard, par un instinct », puis avoir cherché Emma « successivement dans tous les hôtels de la ville ». Les confidences que se font les jeunes gens sur leur grand amour sont fausses : « Elle ne confessa point sa passion pour un autre ; il ne dit pas qu'il l'avait oubliée. »

Or, contrairement aux mensonges de Rodolphe, qui faisaient partie de la stratégie du séducteur, ces mensonges sont presque inconscients ; le menteur s'abuse ici lui-même : « Peut-être ne se rappelait-il plus ses soupers [...] et elle ne se souvenait pas sans doute des rendez-vous d'autrefois. » L'homme fabule par nécessité, pour prendre sa revanche sur le réel. « C'est ainsi qu'ils auraient voulu avoir été, l'un et l'autre se faisant un idéal sur lequel ils ajustaient à présent leur vie passée. » Le texte souligne la fonction essentielle du langage dans cette recréation du réel (« La parole est un laminoir qui allonge toujours les sentiments »). Une telle réflexion est à rapprocher des chapitres 10, 12 et 13 de la deuxième partie qui soulignaient déjà la distorsion que le langage impose à la réalité.

La scène à la cathédrale

Comme l'épisode des Comices agricoles*, elle fonctionne sur le principe du contrepoint. Le discours érudit du suisse a la même fonction que celui du conseiller Lieuvain : il souligne la sottise d'un langage fait de clichés (« Il n'y avait pas sa pareille dans toute l'Europe. L'ouvrier qui l'a fondue en est mort de joie ») ou de détails inutiles (« Elle aura quatre cent quarante pieds, neuf de moins que la grande pyramide d'Égypte »).

D'autre part, la cathédrale représente la vertu (« Elle se raccrochait de sa vertu chancelante à la Vierge, aux sculptures, aux tombeaux »). D'où l'exaspération du clerc (« Léon, se mordant les lèvres, trépignait ») : l'édifice nie le désir (« Son amour s'était immobilisé dans l'église, comme les pierres ») ; il faut en faire sortir Emma, à la fois matériellement et symboliquement (il « avait peur qu'elle ne rentrât dans l'église »).

Enfin, le monument rappelle la casquette de Charles, le gâteau de mariage et les productions de Binet dans la collection d'objets étranges et grotesques qui peuplent le roman (« cette espèce de tuyau tronqué, de cage oblongue, de cheminée à jour qui se hasarde si grotesquement sur la cathédrale, comme la tentative extravagante de quelque chaudronnier fantaisiste »).

La scène du fiacre

Elle a choqué les contemporains par son audace (« par un scrupule qui l'honore », dit le réquisitoire, « le rédacteur de *La Revue* a supprimé le passage de la chute dans le fiacre »). En suggérant la scène, derrière les « stores tendus », d'où ne dépasse qu'« une main nue », le texte parle à l'imagination, beaucoup plus que ne le ferait la description la plus précise. Le point de vue adopté, celui des Rouennais ébahis (« on la vit »), souligne précisément que l'on ne voit pas et que tout est sous le signe du mystère, jusqu'au « voile baissé » de la femme qui descend.

La scène s'oppose à celle dans laquelle Emma se donne à Rodolphe : celui-ci « fait l'amour sur l'herbe, près des chevaux, à l'air libre ; Léon, notaire, produit de la bureaucratie, fait l'amour dans le centre d'une ville [...] au cours d'un épisode qui n'est rien de moins qu'un cadastre de Rouen » (M. Vargas Llosa).

On notera la comparaison de la voiture avec un navire (« ballottée comme un navire »). Le navire, évoqué à plusieurs reprises dans le roman, suggère l'évasion (I, 9 : « Comme les matelots en détresse [...] cherchant au loin quelque voile blanche dans les brumes ») ; mais cette libération qu'Emma attend de l'amour ne se trouve en fait que dans la mort, ce que signifie l'autre comparaison (« plus close qu'un tombeau »). Or, précisément, quand Emma avait voulu mourir, après le départ de Rodolphe, elle avait vu le grenier comme « un vaisseau qui tangue ». Comme chez Baudelaire, le seul véritable voyage est celui de la mort et c'est la mort, en définitive, que sa liaison va apporter à Emma.

On peut rapprocher l'image des « papillons blancs » qui « s'abattirent » de celle des « papillons noirs » qui « s'envolèrent » par la cheminée, quand Emma a brûlé son bouquet de mariage (I, 9) ; dans les deux cas (en brûlant le bouquet, en déchirant sa lettre vertueuse), Emma s'engage dans la voie du mal. De noirs qu'ils étaient, les papillons sont devenus blancs, alors même qu'Emma perd ce qui lui reste de vertu, et ils ne peuvent plus voler.

III - CHAPITRE 2

RÉSUMÉ

Dès son retour à Yonville, Emma est invitée à se rendre chez Homais qui doit lui apprendre une nouvelle importante. Elle trouve la pharmacie en émoi car Justin a pris une bassine à confiture dans le capharnaüm où son maître garde sa réserve d'arsenic (et Homais explique avec précision où se trouve la bouteille). Ensuite, ayant découvert un livre licencieux dans la poche de son élève, le pharmacien s'emporte à nouveau et c'est très brutalement qu'il annonce à Emma la nouvelle qu'il devait lui apprendre avec ménagement : son beau-père est mort.

Peu troublée par ce deuil, Emma feint la douleur, mais ne pense qu'à son amant. Sous prétexte de régler les problèmes financiers, elle tente d'obtenir une procuration de son mari. Sur les conseils de ce dernier, elle va consulter Léon à Rouen.

M. Homais dans sa pharmacie,
ill. de Bertholomme Saint André pour *Madame Bovary* (1936).

COMMENTAIRE

La scène à la pharmacie

Il s'agit d'un petit morceau de comédie, dans lequel Flaubert stigmatise les travers de la bourgeoisie, comme il le fait tout au long de son œuvre, dès la création du *Garçon*, jusqu'au *Dictionnaire des idées reçues* et à *Bouvard et Pécuchet*.

Homais sacrifie tout à l'apparence (« On admirait devant la boutique du pharmacien un tas beaucoup plus large »). Il a le sens très net de sa supériorité et méprise les commerçants (« autant s'établir épicier »). Comme plus tard Bouvard et Pécuchet, il est l'homme du classement maniaque (« il faut établir des distinctions ») pour lequel l'ustensile est sacré, même quand il n'a pas d'utilité immédiate (« Une bassine de réserve ! Une bassine à couvercle ! et dont jamais peut-être je ne me servirai ! Tout a son importance »). Ses charités s'étalent de manière paternaliste (« Voilà comme tu me récompenses des soins tout paternels que je te prodigue ! Car sans moi, où serais-tu ? »). Tout en reconnaissant qu'« il y a certains côtés scientifiques qu'il n'est pas mal à un homme de connaître », il veille jalousement sur la sexualité des siens : il maintient ses enfants dans l'ignorance, craignant de « ternir la pureté d'Athalie, corrompre Napoléon » et même son épouse n'a pas le droit de « toucher » un livre licencieux.

Homais semble ne jamais penser par lui-même. Au plus fort de la colère, il s'exprime encore par citations : « Il citait du latin tant il était exaspéré. Il eût cité du chinois et du groënlandais s'il eût connu ces deux langues. » Il est le maître de la parole ; c'est à lui que Charles, incapable dès le premier chapitre de « dire » même son nom, s'en remet pour parler à sa place. Mais la « rhétorique » du pharmacien ne reflète aucune délicatesse authentique : « Il avait médité sa phrase ; il l'avait arrondie, polie, rythmée [...] Mais la colère avait emporté la rhétorique. »

Scène comique, l'épisode prépare en même temps la tragédie finale ; l'arsenic y est nommé, le lieu où il se trouve expliqué à Emma, avec de nombreuses précisions.

La perversion morale

L'égoïsme d'Emma s'oppose à la sollicitude de son mari (« par excès de précaution pour la sensibilité d'Emma [...] il se contraignait à ne rien dire pour ne pas aviver cette douleur »). Le texte souligne à quel point la jeune femme est anormale (au sens étymologique, c'est-à-dire, s'éloignant de la loi commune) : « Charles pensait à son père [...] Mme Bovary mère pensait à son mari [...] Emma pensait qu'il y avait quarante-huit heures à peine, ils étaient ensemble. » Plus encore que lors de la liaison avec Rodolphe, elle s'enfonce dans le mensonge ; elle devient calculatrice (« elle avait profité des leçons de Lheureux »).

III - CHAPITRE 3

RÉSUMÉ

Emma passe trois jours à Rouen, en compagnie de Léon, « une vraie lune de miel ». Ils vivent dans un hôtel aux volets clos et le soir ils louent une barque pour gagner une île. Au hasard d'une promenade, la jeune femme apprend les aventures galantes de Rodolphe. Elle finit par quitter Léon, avec lequel elle décide d'entretenir une correspondance secrète.

COMMENTAIRE

La fuite loin du réel

Le jour où elle s'était donnée à Rodolphe, Emma s'était élevée, symboliquement, au dessus d'Yonville qu'elle n'apercevait plus qu'« au loin » (II, 9 : « Jamais ce pauvre village où elle vivait ne lui avait semblé si petit. De la hauteur où ils étaient [...] ») ; elle avait transfiguré le paysage en projetant sur lui ses rêveries amoureuses (II, 9 : « Toute la vallée paraissait un immense lac pâle, s'évaporant à l'air ; les massifs d'arbres de place en place saillissaient comme des rochers noirs ; et les hautes lignes des peupliers qui dépassaient la brume figuraient des grèves que le vent remuait »).

Ce double mouvement se retrouve ici. Désir de s'éloigner du monde familier : « Et ils vivaient là, volets fermés, portes closes [...] Les bruits de la ville, insensiblement, s'éloignaient. » Désir surtout d'adapter le réel aux livres : la Seine devient le lac de Lamartine ; l'île celle de Robinson, tandis que les personnages eux-mêmes perdent leur consistance charnelle : « Sa robe noire, dont les draperies s'élargissent en éventail, l'amincissait, la rendait plus grande [...] Elle réapparaissait tout à coup, comme une vision, dans la lumière de la lune. »

L'épaisseur du réel

Par contraste avec ces rêveries éthérées, le texte suggère l'existence d'une autre poésie, qui naît au contraire du réel. L'étude détaillée du quatrième paragraphe (de « C'était l'heure » à « flottaient ») le montre bien.

Flaubert s'attache en effet à décrire les réalités les plus précises et l'on note, au début du paragraphe, le caractère très technique du vocabulaire (« maillet des calfats »). Rien de moins poétique, en apparence, que la « fumée du goudron » ou les « goutttes grasses » de l'huile, et pourtant la seconde phrase les transfigure. Le rythme est d'abord très régulier, comportant quatre cellules de quantité à peu près identique :
« *La fumée du goudron s'échappait d'entre les arbres/*
Et l'on voyait sur la rivière de larges gouttes grasses/
Ondulant inégalement sous la couleur pourpre du soleil/
Comme des plaques de bronze florentin,/ »
puis il est brisé par le groupe très bref qui clôt la période* (cadence mineure) : « *Qui flottaient.* »

Le choix des mots (en particulier de l'adjectif « pourpre »), la recherche des sonorités (importance des diphtongues [$\tilde{\alpha}$] et [u]) donnent un caractère « somptueux » à la description ; la comparaison avec le « bronze florentin » rapproche la réalité triviale des créations les plus remarquables de l'art.

La vie industrielle est présentée ici comme concert et spectacle (« l'on entend », « l'on voyait ») ; elle est porteuse de sa poésie propre et cette conception annonce certaines pages de Zola (cf. *La Bête humaine*), certains tableaux de Monet ou de Caillebotte.

L'argent

Le chapitre se clôt par une allusion fort matérielle aux problèmes d'argent. Ceux-ci, ajoutés à son insatisfaction amoureuse, seront la cause de la mort d'Emma. Flaubert souligne sans cesse le lien entre l'affectif et le financier (la soif de dépenses est inséparable du désordre amoureux).

III - CHAPITRE 4

RÉSUMÉ

Léon vient à Yonville et rend visite aux Bovary. Mais il ne parvient pas à voir Emma en tête à tête. Celle-ci demande à son mari de lui permettre d'aller à Rouen, une fois par semaine, pour prendre des leçons de piano. Après une courte résistance, Charles finit par céder.

COMMENTAIRE

Un chapitre de transition

Entre la « lune de miel » et l'instauration des habitudes amoureuses (les jeudis d'Emma), ce chapitre représente une nécessaire transition : le passage de la rêverie loin du monde, qui caractérisait le chapitre précédent, aux calculs sordides. On notera comment, une fois de plus, les thèmes amoureux et financiers se mêlent (« Elle était d'ailleurs pleine d'espoir. Il allait lui venir de l'argent »). Emma est aussi dépendante de Lheureux (« Elle ne pouvait plus se passer de ses services ») que de Léon (« Leur séparation devenait intolérable. — Plutôt mourir, disait Emma »).

L'ironie de Flaubert

L'ironie frappe également tous les personnages : Léon qui devient prétentieux (« prit un air de supériorité », « cette délectation mêlée de vanité triomphante et d'attendrissement égoïste ») ; Charles, qui se comporte en paysan roublard (« tout en ricanant niaisement », « d'un œil finaud ») ; Homais et sa foi en la modernité (« c'est une idée de Rousseau, peut-être un peu neuve encore, mais qui finira par triompher, j'en suis sûr, comme l'allaitement maternel et la vaccination »).

L'épisode du piano est une véritable comédie sur le thème, bien traditionnel, du cocuage. On note la présence de tous les éléments de la farce ou du fabliau : ruse de l'épouse (« lorsqu'elle passait auprès (si Bovary se trouvait là), elle soupirait ») ; naïveté de l'époux qui forge lui-même le piège auquel il sera pris (« il la pria de lui jouer encore quelque chose. — Soit, pour te faire plaisir. Et Charles avoua qu'elle avait un peu perdu ») ; essai de résistance (« Quel entêtement tu as quelquefois ! ») ; coalition du voisinage (« on ne comprenait point », « elle ne manquait pas de vous apprendre », « on la plaignait », « on en parla », « on trouva même ») ; défaite finale du mari (« Charles revint donc encore une fois sur cette question »).

L'ambiguïté de Charles

L'avant-dernière phrase est particulièrement cinglante : « Et voilà comment elle s'y prit pour obtenir de son époux la permission d'aller à la ville, une fois la semaine, voir son amant. » La substitution du but recherché par Emma (« voir son amant ») au prétexte admis par Charles (prendre des leçons de piano) produit un effet comique.

Mais, toute bouffonne qu'elle soit, cette phrase rejoint aussi un motif important de l'œuvre. Charles, cet « éternel mari », aveugle et complaisant (cf. II, 9), est peut-être, inconsciemment, complice des égarements de sa femme. Le dernier chapitre le montre, par l'effet d'une étrange perversité, attiré par l'infidélité même d'Emma (III, 11) : « Tous les hommes, à coup sûr, l'avaient convoitée. Elle lui en parut plus belle ; et il en conçut un désir permanent [...] Charles se perdait en rêveries devant cette figure qu'elle avait aimée. Il lui semblait revoir quelque chose d'elle. C'était un émerveillement ».

III - CHAPITRE 5

RÉSUMÉ

Tous les jeudis, Emma se rend donc à Rouen. Elle retrouve Léon à l'hôtel. Le soir, après avoir quitté son amant, elle s'arrête chez le coiffeur, puis reprend l'*Hirondelle* ; à la sortie de Rouen, elle est épouvantée par un horrible aveugle.

Charles a quelques soupçons : Emma prend l'habitude de mentir, même sans nécessité. Elle se livre à des dépenses de plus en plus folles. Appelée par Charles, Mme Bovary mère obtient la destruction de la procuration, mais son fils en signe une autre.

Un soir, Emma ne rentre pas à Yonville. Charles part à sa recherche et ne la retrouve qu'au petit jour. Dès lors, elle se rend à Rouen toutes les fois que l'envie l'en prend, tandis que Léon n'ose lui faire entendre raison.

La sensualité

Ce chapitre a choqué les contemporains ; le texte évoque les « intimités de la passion » : « rires de volupté », nudité d'Emma dans « le grand lit d'acajou en forme de nacelle » (ce qui est une image à la fois de mollesse et d'évasion). On retrouve l'opposition entre le froid, lié à Yonville et à Charles (« Emma, ivre de tristesse, grelottait sous ses vêtements et se sentait de plus en plus froid aux pieds, avec la mort dans l'âme. Charles à la maison, l'attendait ») et les ardeurs de la passion : Emma arrive « tout en sueur » dans le « tiède appartement » ; chez le coiffeur où elle fait réparer le désordre de sa chevelure, il fait si chaud qu'elle est envahie par une langueur sensuelle.

La dégradation

Cependant, le texte n'est nullement complaisant. Au contraire, il souligne que l'épanouissement de cette sensualité provoque un dérèglement total du sens moral : Emma est de plus en plus menteuse (« C'était un besoin, une manie, un plaisir »), dépensière, insolente, exigeante (« Il fallait que Léon, chaque fois, lui racontât toute sa conduite ») et dominatrice (« Il devenait sa maîtresse plutôt qu'elle n'était la sienne »). Le chapitre se termine d'ailleurs par l'emploi, qui est d'un moraliste, du mot « corruption ».

Le désordre mental

Or cette corruption est surtout l'effet de la maladie mentale dont Emma a précédemment donné de nombreux signes. La jeune femme est de plus en plus « extravagante » ; elle ne parvient plus à contrôler son appétit de jouissance. Son comportement est moins le résultat d'un immoralisme calculé que d'une fragilité nerveuse : « Emma se mit à rire d'un rire strident, éclatant, continu : elle avait une attaque de nerfs. » Tout le chapitre montre donc la lente montée de la folie qui va la conduire au suicide.

L'aveugle

Son visage évoque la pourriture du cadavre : « La chair s'effiloquait par lambeaux rouges et il en coulait des liquides qui se figeaient en gales vertes. » Le texte souligne la manière menaçante dont il surgit

« tout à coup derrière Emma, tête nue », ainsi qu'un spectre qui a déjà choisi sa victime. Comme dans une tragédie, son apparition à la fin du roman indique que le destin est en marche et prépare la mort d'Emma. D'autre part, c'est en revenant de Rouen qu'elle le rencontre.

Il est aussi un symbole de damnation : au moment de la mort, Emma imaginera sa « face hideuse [...] dans les ténèbres éternelles comme un épouvantement ». Or, c'est après ses rendez-vous amoureux qu'Emma le rencontre : son apparition suit immédiatement l'abandon à la sensualité qui semble donc présentée comme une faute et un péché.

III - CHAPITRE 6

RÉSUMÉ

Un jour, Homais se rend à Rouen avec Emma pour rendre visite à Léon. Pendant que sa maîtresse l'attend à l'hôtel, le jeune homme subit le bavardage du pharmacien dont il ne parvient pas à se débarrasser. Emma se met à le mépriser. Elle continue cependant à le rencontrer, mais elle se force à jouer l'amour sans désormais le ressentir véritablement. Elle regrette la pureté de son enfance.

Lheureux renforce sa pression ; Emma dérobe de l'argent à son mari, vend de vieux objets, tandis que Léon se détache d'elle. Un jour, après un bal masqué, elle apprend que ses biens seront saisis. Elle essaie en vain de fléchir Lheureux.

COMMENTAIRE

La dégradation

Les thèmes esquissés dans le chapitre précédent sont développés. Le déséquilibre nerveux d'Emma s'accentue : elle a des crises d'angoisse (« une terreur la prenait, elle poussait un cri »), de dépression (« Elle éprouvait maintenant une courbature incessante et universelle [...] Elle aurait voulu ne plus vivre, ou continuellement dormir ») et perd totalement le sens du réel (elle « ne s'inquiétait pas plus de l'argent qu'une archiduchesse »). D'autre part, son abandon à la sensualité a quelque chose de diabolique (« Elle se déshabillait brutalement, arrachait le lacet mince de son corset qui sifflait autour de ses hanches comme une couleuvre qui glisse »), tandis que sa corruption devient totale (« Elle y tenait par l'habitude ou par la corruption »).

Cette dégradation est très sensible, si l'on compare le bal de la mi-carême avec le bal à la Vaubyessard. On trouve dans les deux épisodes le même étourdissement et la même rêverie amère à la fenêtre, mais les « délicatesses du violon » (I, 8) font place au « son furieux des trombones » ; au lieu de glisser « avec des mouvements légers du cou » (I, 8), Emma « saute toute la nuit ». Déséquilibrée, dégradée, Emma effraie même son amant : « Il y avait sur ce front couvert de gouttes froides, sur ces lèvres balbutiantes, dans ces prunelles égarées, dans l'étreinte de ces bras, quelque chose d'extrême, de vague et de lugubre. »

Le désir infini

Comme déjà avec Rodolphe (II, 10), Emma n'est pas véritablement amoureuse mais elle s'imagine qu'elle aime ; tout en méprisant le jeune homme (« il était incapable d'héroïsme, faible, banal »), elle gomme la réalité et reconstruit le personnage, afin d'en faire l'amant idéal (« En écrivant, elle percevait un autre homme, un fantôme [...] et il devenait à la fin si véritable, et accessible, qu'elle en palpitait, émerveillée »).

En effet, toute réalité lui semble décevante : « D'où venait donc cette insuffisance de la vie, cette pourriture instantanée des choses où elle s'appuyait ?... » Comme dans le monde baudelairien, la soif de volupté cache une insatisfaction fondamentale, liée au caractère infini, insatiable, du désir : « Les meilleurs baisers ne vous laissaient sur la lèvre qu'une irréalisable envie d'une volupté plus haute. »

La nostalgie de la pureté

Dans un mouvement complémentaire, toujours très baudelairien, Emma garde la nostalgie de l'enfance perdue ; c'est ce que signifie sa rêverie devant le couvent (« Quel calme dans ce temps-là ! »), qui rappelle son émotion quand elle avait reçu la lettre de son père (II, 10) ou quand elle évoquait la robe blanche de la distribution des prix (I, 7). Malgré les souillures, ou peut-être précisément à cause d'elles, elle aspire à l'Idéal : « Elle aurait voulu, s'échappant comme un oiseau, aller se rajeunir quelque part, bien loin, dans les espaces immaculés » — on pourra rapprocher cette phrase du poème « Élévation », des *Fleurs du mal* de Baudelaire.

III - CHAPITRE 7

RÉSUMÉ

Emma doit donc laisser un huissier, maître Hareng, fouiller ses affaires, afin d'établir le procès-verbal de saisie. Le lendemain, elle se rend à Rouen, supplie vainement les banquiers et suggère à Léon de voler son étude ; le jeune homme se débarrasse d'elle avec de vagues promesses. Après avoir failli être renversée par une voiture conduite par le vicomte, elle reprend l'*Hirondelle* en compagnie d'Homais. Celui-ci fait l'aumône à l'aveugle et lui propose de le soigner.

Le lendemain, la vente du mobilier est publique. Emma supplie le notaire, maître Guillaumin, qui tente de la séduire ; elle va trouver Binet, puis se réfugie chez la nourrice. Enfin, reprenant quelque peu ses esprits, elle décide d'aller trouver Rodolphe.

COMMENTAIRE

Le temps tragique

Comme dans une tragédie, la marche du temps est très sensible. L'action se précipite : Emma est traquée. Le délai dont elle dispose est de plus en plus réduit, ce que soulignent les nombreuses notations chronologiques (« le lendemain », « le lendemain dimanche », « à deux heures », « quatre heures sonnèrent », « à neuf heures du matin », « quelle heure est-il ? Trois heures bientôt [...] Dépêchez-vous ! »). Emma a beau espérer « un événement extraordinaire », cette marche du destin est inéluctable.

Elle est soulignée par la présence de deux personnages symboliques : l'aveugle et Binet. L'aveugle est encore plus hideux que dans le chapitre 5 puisque à sa laideur s'ajoute une horrible mimique (« la comédie ») dont les gestes anticipent ceux de l'agonie d'Emma (« tirant la langue il se frottait l'estomac à deux mains »). Sa conversation avec le pharmacien explique et annonce sa présence à Yonville pour la mort d'Emma (dans une lettre à Bouilhet, Flaubert précise qu'il a « absolument besoin » de cet épisode).

Quant à Binet, son caractère allégorique est ici très net. Déjà, quand elle avait eu la tentation du suicide, Emma avait entendu « le ronflement du tour [...] comme une voix furieuse qui l'appelait » (II, 13). Par son bruit et par son mouvement circulaire et mécanique, le tour est une image du destin. Flaubert ne révèle pas les paroles d'Emma à Binet — ce qui rend l'épisode étrange et inquiétant. Il note seulement le bruit des roues qui « tournaient, ronflaient » et les gestes de supplication d'Emma : on dirait que la jeune femme, qui va mourir, supplie vainement le destin d'arrêter son cours. Après son refus, elle se réfugie chez la nourrice où le tour est aussitôt remplacé par le rouet (« La bonne femme prit son rouet et se mit à filer du lin. — Oh ! finissez ! murmura-t-elle, croyant entendre le tour de Binet »). Or les poètes représentent souvent le destin sous la forme allégorique de la fileuse — la Parque.

La montée de la folie

Le texte souligne qu'Emma perd tout sens du réel (« tout en elle-même et au-dehors l'abandonnait. Elle se sentait perdue »). Lors de sa première crise nerveuse, elle s'appliquait à « compter les fils de la toile » (II, 13) ; de même, ici, elle se réfugie dans une contemplation hébétée des plus petits détails auxquels elle applique « son attention avec une persistance idiote ». Son visage est celui d'une folle (« elle haletait, tout en roulant les yeux autour d'elle »). Le mot est d'ailleurs employé à deux reprises (« Mais tu es folle ! — Pas encore » ; « la paysanne, effrayée de son visage, se reculait instinctivement, la croyant folle »).

III - CHAPITRE 8

RÉSUMÉ

Emma revoit Rodolphe. Le jeune homme s'attendrit mais ne peut lui donner d'argent. Elle le quitte, folle de colère. Dans la campagne, elle a des hallucinations, puis elle parvient à la boutique du pharmacien, arrache à Justin la clé du capharnaüm et avale de l'arsenic sans que le garçon puisse l'en empêcher.

Dès l'apparition des premiers symptômes, Charles s'affole et se montre totalement impuissant. Au lieu d'agir énergiquement, Homais propose une analyse ; puis arrivent le docteur Canivet, qui essaie maladroitement de soigner la malade, et le célèbre docteur Larivière qui constate qu'il n'y a plus rien à tenter.

Les deux médecins sont invités à dîner chez Homais chez qui tous défilent bientôt pour avoir l'avis du docteur Larivière sur leurs petits malaises. Le grand homme quitte enfin le village.

Emma reçoit l'extrême-onction avec ferveur, puis elle se regarde longuement dans un miroir. Elle commence à agoniser. Tout à coup retentit la chanson de l'aveugle. Emma meurt épouvantée, secouée par un rire atroce.

COMMENTAIRE

La folie

Plus encore que le premier épisode (II, 13), la crise nerveuse qui achève d'emporter la raison d'Emma ressemble à certaines des hallucinations connues par Flaubert au moment de ses « crises », en particulier la présence de « globules couleur de feu » à rapprocher des « flammes » qu'il croyait avoir dans les yeux, juste avant d'être pris de convulsions (cf. remarques à propos de II, 13).

Au milieu des « corneilles » qui volent, le délire d'Emma est bien un délire de mort, comme le suggèrent les « vagues brunes » (l'image du vaisseau intervenait déjà en II, 13), l'allusion aux blessés, à la plaie, aux balles. On retrouve l'image du mouvement tournant et du vertige

La Mort d'Emma, eau-forte de 1885 pour *Madame Bovary*.

(« tournaient, tournaient »), apparue dès la valse (I, 8), puis devant l'orgue de Barbarie (I, 9) retrouvée avec le tour de Binet (II, 13 ; III, 7) et le rouet de la nourrice (III, 7). Et surtout, ce qui faisait l'identité d'Emma, son monde intérieur (« ses artères », « tout ce qu'il y avait dans sa tête de réminiscences, d'idées ») s'échappe à l'extérieur (« s'échapper », « s'échappait », « son âme l'abandonner », « l'existence qui s'en va ») : c'est déjà l'annonce de la décomposition, vue comme une dissolution dans le monde extérieur (III, 9 : « il lui semblait que, s'épandant au-dehors d'elle-même, elle se perdait confusément dans l'entourage des choses »).

Dès lors le suicide, loin d'être la manifestation d'une liberté héroïque, comme le croit Emma (« par un transport d'héroïsme »), apparaît comme la dernière étape d'un processus inéluctable, engagé à l'insu d'un personnage « perdu de stupeur ».

Le réalisme clinique

L'agonie d'Emma est dépeinte avec un grand nombre de détails. Flaubert s'était documenté sur les symptômes de l'empoisonnement par l'arsenic, et il a confié qu'en écrivant le passage il avait fini par les éprouver lui-même. Rien de plus prosaïque que certains détails (cuvette dans laquelle la mourante a vomi, « langue tout entière » qui sort de la bouche, « souffle furieux », etc.). Emma, qui avait aspiré à une mort sublime (I, 6 : « ce rare idéal des existences pâles, où ne parviennent jamais les cœurs médiocres »), connaît l'agonie la plus sordide qui soit.

La mort et la vérité

En quittant Rodolphe, Emma se casse « les ongles contre la serrure » ; or le roman a souligné le soin qu'elle en prenait (I, 2 ; II, 7 ; II, 12) — un « soin de ciseleur ». La cassure des ongles signifie l'échec définitif de l'artifice — échec auquel symboliquement Emma, qui n'était qu'artifice, ne peut survivre.

Dans le même sens, la scène du miroir a valeur symbolique. Emma, pour la première fois, « se réveille d'un songe » — le songe qu'a été sa vie — et elle se contemple telle qu'elle est : le miroir qui avait été au service de la vanité devient à présent l'instrument de la vérité — une vérité insoutenable (« de grosses larmes lui découlèrent des yeux »).

À la lumière de la mort, Emma distingue la fausseté de sa vie (« Elle en avait fini avec toutes les trahisons » ; au « souvenir de ses adultères », elle « détourna la tête, comme au dégoût d'un autre poison plus fort qui lui remontait à la bouche »). Elle reconnaît la vérité de l'amour de Charles (« Il la regardait avec des yeux d'une tendresse comme elle n'en avait jamais vu », « Tu es bon, toi ! ») et pour la première fois se tourne vers son enfant. Il est fort symbolique de voir Emma, qui s'est « nourrie » de littérature, mourir avec dans la bouche « un affreux goût d'encre », comme pour dénoncer les maléfices de la lecture.

Enfin, la mort paraît le seul moyen de libération, le seul voyage véritable (« une symphonie qui s'éloigne »). Toutes les vaines aspirations à l'amour trouvent leur objet : « Elle allongea le cou comme quelqu'un qui a soif et, collant les lèvres sur le corps de l'Homme-Dieu, elle y déposa de toute sa force expirante le plus grand baiser d'amour qu'elle eût jamais donné. »

L'impuissance humaine

Les réactions maladroites de tous les protagonistes (et en particulier celle de Charles que son grand amour rend seulement capable de se heurter aux meubles) sont autant d'évocations très pessimistes de l'impuissance humaine. Le docteur Larivière, seule figure énergique, vient trop tard (« Il n'y a plus rien à faire ») ; après son arrivée grandiose, au galop de trois chevaux, il semble contaminé à son tour par la médiocrité ambiante ; il subit le bavardage d'Homais, les questions importunes des villageois. Le roman le voit repartir (« les trois chevaux détalèrent »), comme un dieu qui abandonnerait l'humanité à son échec.

La chanson de l'aveugle

Elle semble un résumé de l'existence d'Emma : elle oppose le rêve (« fait rêver fillette ») à une réalité beaucoup plus sensuelle et triviale (« le jupon court »).

L'aveugle est plus que jamais une allégorie de la mort ; il évoque « la faux qui moissonne » ; or, traditionnellement, la mort est représentée avec une faux. C'est aussi une figure de la damnation (« dans les ténèbres éternelles comme un épouvantement »).

D'autre part, cette chanson scabreuse enlève tout ce qui pourrait rester de sublime à l'agonie d'Emma. Jamais l'effet de contrepoint grotesque, si fréquent dans le roman, n'a été aussi fort. C'est au milieu d'une scène tragique entre toutes que retentissent les couplets paillards.

Enfin, le texte dit la vie au moment où intervient la mort : il évoque « la chaleur d'un beau jour », alors que « la chaleur dans le corps d'Emma fait place au froid définitif » (J. Starobinski). L'allusion au jupon qui s'envole souligne, en l'inversant, le mouvement de la convulsion qui « rabat » Emma sur le matelas.

« Elle n'existait plus »

Beaucoup plus que ne l'aurait fait un banal « elle était morte », la phrase souligne l'annulation complète du personnage, la « survenue du néant ». Aucune foi en une quelconque immortalité de l'âme : Emma n'est plus rien. « Ce qui me semble beau, ce que je voudrais faire, c'est un livre sur rien », écrivait Flaubert à Louise Colet (16 janvier 1852). C'est bien ici le « rien » qui triomphe, au cœur même de l'écriture.

RÉSUMÉ

Fou de douleur, Charles veut un enterrement romantique. Homais et l'abbé Bournisien veillent Emma ; ils opposent âprement leur religion, jusqu'au moment où ils s'endorment côte à côte. Le cadavre se décompose rapidement. À la demande de Charles, le pharmacien lui coupe, en tremblant, une mèche de cheveux. Puis Emma est mise en bière.

COMMENTAIRE

La survenue du néant

Le texte souligne la décomposition (« une pâleur visqueuse [...] comme si des araignées avait filé dessus ») ; l'aubergiste tente de la nier (« comme elle est mignonne encore »), mais le cadavre lui oppose un démenti brutal (« un flot de liquides noirs sortit »). La dernière évocation est la plus atroce ; Flaubert ne décrit rien : il laisse imaginer le spectacle en rapportant seulement le « cri d'horreur » de Charles.

La mort survient dans l'indifférence des choses : la révolte de Bovary ne fait pas bouger « une feuille seulement ». Mais en même temps, elle semble une fusion dans la nature (« s'épandant au-dehors d'elle-même, elle se perdait confusément dans l'entourage des choses, dans le silence, dans la nuit, dans le vent qui passait, dans les senteurs humides qui montaient »), la matière n'étant qu'un immense mélange (« des tourbillons de vapeur bleuâtre se confondaient au bord de la croisée avec le brouillard qui entrait »). Ces notations sont à rapprocher de la fin de *La Tentation de saint Antoine* (version définitive), dans laquelle l'ermite affirme son désir d'échapper à l'humain pour accéder à une qualité supérieure de l'existence, celle de la matière : « Je voudrais avoir des ailes, une carapace, une écorce [...] me diviser partout, m'émaner avec les odeurs, me développer comme les plantes [...] pénétrer chaque atome, descendre jusqu'au fond de la matière, être la matière ». Dans cette perspective, les images de décomposition perdent le sens sinistre qu'on est tenté de leur donner, pour signifier la recomposition, l'intégration au Tout.

Le désespoir de Charles

Charles semble « possédé » par Emma ; il se met à penser comme elle, évoquant toute une imagerie romantique qui jusque-là lui avait été étrangère : « Je veux qu'on l'enterre dans sa robe de noces. » Le chapitre 11 précisera encore ce mimétisme (« Il adopta ses prédilections, ses idées [...] Il souscrivit comme elle des billets à ordre. Elle le corrompait par-delà le tombeau »). D'autre part, il est étrangement fasciné par le cadavre (« Une fascination l'attirait. Il remontait continuellement l'escalier » ; « Il eut une curiosité terrible : lentement, du bout des doigts, en palpitant, il releva son voile »). Flaubert avait d'ailleurs eu l'intention, quand il préparait le roman, de souligner encore davantage le caractère pathologique de ce comportement, de montrer Charles en proie à une véritable nécrophilie.

Homais et Bournisien

Ils ne cessent de se quereller, pendant la veillée funèbre, mais leur comportement est symétrique (« M. Bournisien aspergeait la chambre d'eau bénite et Homais jetait un peu de chlore par terre »). Cette symétrie, parfois comique, a un sens tragique. Les êtres et les objets appariés sont nombreux dans le roman : malgré leurs différences apparentes, ils « vont par deux », comme les bocaux du pharmacien ; « il n'y a pas à sortir de là » ; nul renouvellement n'est possible, la vie ne propose que répétition et redite. Redite d'une même médiocrité : comme Léon et Rodolphe dans le chapitre suivant, c'est dans un sommeil égoïste qu'Homais et Bournisien se rejoignent : « Après tant de désaccord se rencontrant enfin dans la même faiblesse humaine. »

III - CHAPITRE 10

RÉSUMÉ

En arrivant à Yonville, le père Rouault, qui avait fait le voyage dans l'angoisse, sans parvenir à croire à son malheur, se trouve mal. La cérémonie funèbre a lieu à l'église, puis c'est la procession jusqu'au cimetière, dans une nature printanière, et enfin l'inhumation. Le soir, Charles veille en pensant à sa femme, tandis que Léon et Rodolphe dorment et que Justin pleure sur la tombe d'Emma.

COMMENTAIRE

Le réalisme

Flaubert a confié à Louise Colet qu'il devait assister à l'enterrement de la femme d'un médecin et qu'il voulait exploiter la scène dans son roman. Le chapitre présente une description minutieuse du moindre détail de la cérémonie (« la bière entre quatre rangs de cierges », « le mouvement de chaises », les « trois bâtons sous la bière », « la présence des deux enfants de chœur » et « la grande croix d'argent »).

En se contentant de décrire les gestes sans les expliquer, le texte ôte volontairement tout sens spirituel à la cérémonie, qui paraît une suite de mouvements absurdes (on voyait « passer et repasser continuellement les trois chantres » ; le prêtre « élevait les mains, étendait les bras », « on chantait, on s'agenouillait, on se relevait, cela n'en finissait pas »). Il insiste sur les détails les plus prosaïques et les plus laids (« voix aiguë » du prêtre, « odeurs affadissantes de cire et de soutane », « grincement des cordes »). Une telle perspective est à rapprocher du célèbre tableau de Courbet, *L'Enterrement à Ornans*..

Les signes

Cependant, malgré ce parti-pris de réalisme, on note la présence de nombreux détails symboliques. Si Flaubert se moque du père Rouault qui prend peur en voyant « trois poules noires », il multiplie lui-même les signes et les correspondances. Le « bruit sec du bâton ferré » d'Hippolyte rappelle « le frôlement du bâton » de l'aveugle (III, 8) et la canne du suisse (III, 1) ; le cortège funèbre qui s'étire dans la campagne (« leurs voix s'en allaient [...] montant et s'abaissant avec des ondulations ») évoque le cortège nuptial, pareillement guidé par la musique, et animé d'un même mouvement (I, 4 : « abaissant et levant tour à tour »). La comparaison du cercueil avec « une chaloupe qui tangue à chaque flot » est un écho du thème du navire, si souvent évoqué dans le roman (I, 9 ; III, 1), et surtout à propos de la mort (II, 13 ; III, 8).

De manière très paradoxale, au cœur même d'un roman réaliste, ce jeu de correspondances dont les exemples sont nombreux dans l'œuvre (cf. les « papillons noirs » de I, 9 et les « papillons blancs » de III, 1 ; la langue tendue, en I, 3 et en III, 8 ; les couronnes en I, 3 et la couronne mortuaire en III, 9 ; le bal à la Vaubyessard en I, 8 et le bal masqué en III, 6), suggère, comme dans une tragédie antique, l'existence d'un destin.

L'hypocrisie du jeu social

L'enterrement d'Emma fait partie du jeu social. Homais surveille tout le monde (« et pour communiquer ses observations, il allait d'un groupe à l'autre »). La douleur du père Rouault lui semble affectée parce qu'il fume. Au contraire, Lheureux, principal responsable de la détresse d'Emma, n'a « pas manqué de venir à l'enterrement » et nul ne met en doute sa sincérité.

Quant à l'Église, elle semble aveugle aux problèmes spirituels (cf. II, 6), mais elle est âpre au gain (« les gros sous, les uns après les autres, sonnaient dans le plat d'argent »).

La laideur de la cérémonie s'oppose à la beauté et à la fraîcheur de la nature (« Une brise fraîche soufflait », « toutes sortes de bruits joyeux », « le ciel pur »).

III - CHAPITRE 11

RÉSUMÉ

Les créanciers s'abattent sur Charles, qui se complaît dans son deuil et ne devine aucune des infidélités de sa femme : quand Léon se marie, il suppose que cette nouvelle aurait réjoui Emma. Puis il découvre la lettre de Rodolphe et conçoit quelques soupçons.

De plus en plus influent, Homais obtient la réclusion de l'aveugle qu'il n'a pu guérir. Seul avec sa fille, Charles cultive le souvenir de la défunte. Un jour il découvre les lettres de Léon et le portrait de Rodolphe. Il se laisse alors dépérir. Il rencontre Rodolphe et éprouve un « émerveillement ». Le lendemain, il meurt dans la tonnelle, au milieu des fleurs.

Berthe devient ouvrière dans une filature, tandis qu'Homais, comblé, reçoit enfin la croix d'honneur.

L'ascension d'Homais

Le roman s'achève sur son triomphe. Le pharmacien envahit tous les domaines, même ceux qui devraient lui être étrangers. Il se mêlait déjà d'agriculture (II, 8) ; il va maintenant jusqu'à « s'annexer son contraire, l'artiste » (M. Crouzet). « Il en vint à rougir d'être un bourgeois. Il affectait le genre artiste » (cf. III, 6 : « Il parlait argot afin d'éblouir [...] les bourgeois »).

Ce « bourgeois conquérant », défenseur des « immortels principes de 1789 » (II, 1) est intolérant (« toujours guidé par [...] la haine des prêtres »). Il n'oublie jamais les différences sociales : quand Bovary est ruiné, il empêche ses enfants de fréquenter Berthe. Pour lui, l'indigent est un être inférieur ; en faisant l'aumône à l'aveugle, il lui demandait de rendre la monnaie (III, 7) ; dès qu'il devient dangereux pour sa vanité, il l'écrase sans pitié.

La mort de Charles

Charles meurt d'amour, ce qu'Emma avait rêvé de faire à la mort de sa mère : on le retrouve « tenant dans ses mains une longue mèche de cheveux noirs ». Cette fin romantique contraste avec l'agonie humiliante d'Emma : aucun détail physique n'est donné ; il meurt parmi les fleurs, dans la lumière : « Le ciel était bleu, des cantharides bourdonnaient autour des lis. »

Cependant, malgré ces images de pureté, son culte de la morte a quelque chose de pervers. Il s'apparente parfois au fétichisme (« Il les allait voir dans son cabinet de toilette ») et entraîne une véritable identification à Emma dont il imite même les vices (« Elle le corrompait par-delà le tombeau »). Son attitude quand il découvre les infidélités de sa femme est malsaine (« Elle lui en parut plus belle et il en conçut un désir permanent, furieux »). L'« émerveillement » qu'il ressent face à Rodolphe est fort ambigu.

D'autre part, la manière dont il se laisse mourir reflète sa passivité fondamentale. Il ne se suicide pas mais s'abandonne à la même « rêverie douloureuse » qui avait suivi la mort d'Héloïse (I, 2). Cette passivité le rend ridicule, comme dans le premier chapitre du roman : Rodolphe le trouva « bien débonnaire pour un homme dans sa situation, comique même et un peu vil ».

Jusqu'au bout, Charles n'aura jamais posé un seul acte véritable. La dernière phrase qui le concerne s'achève sur le mot « rien » (« M. Canivet l'ouvrit et ne trouva *rien* ») — écho du début du roman (I, 1) : « il serait maintenant impossible à aucun de nous de se *rien* rappeler de lui »). Frappé de mutisme dès le premier chapitre, Charles prononce ici « un grand mot, le seul qu'il ait jamais dit : — C'est la faute de la fatalité ! ». Or même cette formule ne lui appartient pas ; il l'a lue dans la lettre de Rodolphe (II, 13 : « Non, non, n'en accusez que la fatalité ! — Voilà un mot qui fait toujours de l'effet, se dit-il »).

Synthèse littéraire

LA GENÈSE DE L'ŒUVRE

L'histoire de l'œuvre

1. Le « cancer du lyrisme »

En septembre 1849, Flaubert lut à ses amis Maxime Du Camp et Louis Bouilhet *La Tentation de saint Antoine* ; il y peignait dans un style lyrique les visions de l'anachorète. Ses amis critiquèrent l'ouvrage et lui conseillèrent de choisir « un sujet terre à terre [...] en rejetant ces divagations ». Ces conseils furent à l'origine de *Madame Bovary*, roman conçu comme un *pensum*, destiné à extirper le « cancer du lyrisme » (M. Du Camp).

2. L'évasion impossible

En novembre 1849, Flaubert partait pour l'Orient avec Du Camp. Mais il sembla insensible au dépaysement : « Les temples lui paraissaient toujours les mêmes » (M. Du Camp). Une page de son carnet de route révèle sa nostalgie de Croisset : « Là-bas, sur un fleuve plus doux, moins antique, j'ai quelque part une maison blanche dont les volets sont fermés, maintenant que je n'y suis pas » (*Voyage en Orient*). Il pensait constamment à son prochain roman. Selon Du Camp, c'est au bord du Nil qu'il choisit le nom de son héroïne : « Euréka ! Je l'appellerai Emma Bovary. Et plusieurs fois il répéta, il dégusta le nom de Bovary. »

3. Ce « cher tourment »

Commencé « le 19 septembre 1851 dans la nuit », le roman fut achevé le 30 avril 1856 et composé au prix d'un travail acharné : « il veillait si tard que sa lampe, brillant dans la nuit, servait de fanal aux matelots » (R. Dumesnil). Les brouillons (1 788 feuillets) montrent sa méthode de travail : d'abord un premier jet, elliptique et désordonné, puis une reprise très précise ; les mots passaient enfin par l'épreuve du « gueuloir ». La correspondance du romancier révèle sa fatigue, son corps à corps avec les mots. Il définit son effort comme une quête douloureuse de l'Idéal : « D'abord on aperçoit d'en bas une grande cime dans les cieux ; elle est étincelante de pureté ; elle est effrayante de hauteur et elle vous sollicite cependant à cause de cela même [...] On va par les précipices, les vertiges, les découragements. Il fait froid. La terre est perdue pour toujours. Quelquefois pourtant un coup des vents du ciel [...] dévoile à votre éblouissement des perspectives innombrables [...] Puis le brouillard retombe et l'on continue à tâtons, à tâtons, s'écorchant les ongles aux rochers et pleurant dans la solitude. N'importe ! Mourons dans la neige, périssons dans la blanche douleur de notre désir » (*Lettre à Louise Colet*, 16 septembre 1853).

Les sources

1. Les faits réels

Eugène Delamare, officier de santé, s'était établi dans le bourg de Ry, près de Rouen. Veuf d'une femme plus âgée, il se remaria en 1839 avec la fille d'un fermier, Delphine Couturier. Après la naissance de leur fille, Delphine s'abandonna à des rêves de luxe et s'endetta ; elle prit pour amant un hobereau, puis un clerc de notaire. Elle mourut en 1848 ; on assura qu'elle s'était suicidée. Delamare fit graver sur sa tombe : « bonne mère et bonne épouse ». Lui-même, désespéré, mourut peu après. Ce fait divers inspira à Flaubert la plupart de ses personnages.

À cette source principale s'ajoutent les *Mémoires de madame Ludovica*, un manuscrit de quarante pages, découvert dans les papiers de Flaubert : sans doute composé à sa demande par un domestique, il raconte, en une langue très maladroite, la vie sentimentale de Louise Pradier, qui eut de nombreux amants et ruina son mari, le célèbre sculpteur. On peut aussi mentionner les *Mémoires de Marie Capelle*, accusée d'avoir empoisonné un mari qu'elle méprisait et la *Gazette des tribunaux* du 4 octobre 1837, dont un article racontait le suicide d'une femme adultère — fait divers qui avait frappé le jeune Flaubert, lui inspirant *Passion et Vertu* (1837).

2. Les modèles littéraires

Don Quichotte était un des livres favoris de Flaubert : comme le héros de Cervantès, Emma est victime des romans ; elle refuse le réel et rêve d'un absolu qu'elle ne trouve que dans la mort.

On peut rapprocher *Madame Bovary* de *La Muse du département* (1843) qui peint l'ennui d'une provinciale et de *La Physiologie du mariage* (1829) qui analyse l'échec conjugal. Mais l'énergie balzacienne est totalement absente de l'œuvre de Flaubert.

Indiana, de George Sand (1832), raconte les frustrations d'une créole mal mariée : elle se laisse abuser par un séducteur qui se lasse bientôt d'elle. Elle tente alors de se suicider : quand elle doit suivre son mari à l'île Bourbon, elle s'abandonne à des rêveries sur Paris qui exaspèrent son insatisfaction. Mais l'héroïne d'*Indiana* découvre enfin l'« homme idéal » ...

3. Un univers flaubertien

Fils et frère de médecin, ancien étudiant en droit, Flaubert s'inspire de son expérience. Sa liaison avec Louise Colet lui suggère certains traits d'Emma. Quant aux paysages, ce sont ces villages et les campagnes de la Normandie qu'il connaissait bien.

Flaubert a donné certains de ses traits à son héroïne. Il écrit à Louise Colet : « Tout ce qui est de la vie me répugne [...] j'ai en moi un embêtement radical, intime, âpre et incessant qui m'empêche de rien goûter et qui me remplit l'âme à crever » (20 décembre 1846) ; ces mots pourraient être prononcés par Emma. Même Charles a certains traits de Flaubert, ses difficultés au collège évoquant l'état de « stupeur » qui inquiétait sa famille.

Plusieurs œuvres préparent *Madame Bovary* ; les farces mettant en scène le *Garçon*, héros grotesque imaginé au lycée pour se moquer des bourgeois, annoncent Homais ; *Passion et Vertu* (1837), *Novembre* (1842) évoquent l'insatisfaction de jeunes femmes. Même le saint Antoine de *La Tentation* (1849), torturé par « la concupiscence des choses du monde » et les « convoitises de l'esprit », a quelques traits d'Emma.

LA STRUCTURE

Le manuscrit comporte quarante-six pages de scénarios, très précis. Les épisodes se répondent selon un ordre rigoureusement établi à l'avance : « Les perles ne font pas le collier, c'est le fil [...] Tout dépend du plan » (*Lettre à Louise Colet*, 1er février 1852).

Le roman s'ouvre et se ferme sur l'évocation de Charles, personnage grotesque (humilié par la classe et par Rodolphe) et placé sous le signe du « rien » (I, 1 : aucun de ses camarades ne se rappelle « rien » de lui ; III, 11 : « M. Canivet ne trouva rien »).

Il comprend trois parties, dont chacune évoque une étape de la vie des personnages : la première, leur enfance, leur mariage et leur vie à Tostes ; la seconde, leur vie à Yonville ; la troisième, la double vie d'Emma entre Yonville et Rouen, puis sa mort.

Chaque partie contient un épisode qui sépare Charles d'Emma : le bal à la Vaubyessard ; la liaison avec Rodolphe ; la liaison avec Léon. Ces éléments sont de plus en plus longs à mesure que le roman progresse, pour souligner la gravité croissante de la crise conjugale. Chaque partie rapporte également une maladie nerveuse d'Emma (I, 9 ; II, 7 et 13-14 ; III, 8).

Le roman est composé comme une tragédie, retraçant la lente dégradation d'Emma et sa marche vers la mort. De nombreux détails rendent sensible la marche du destin : évocation de la mort par le père Rouault (I, 3), rêverie d'Emma sur le bouquet d'Héloïse (I, 5), insistance sur le cimetière d'Yonville (II, 1), froid du plâtre (II, 2). Quelques personnages symboliques renforcent ce système de signes et interviennent comme des figures du destin : le joueur d'orgue de Barbarie (I, 9) ; Binet (II, 1, 13 ; III, 7) et surtout l'aveugle (III, 5, 7 et 8).

On note l'alternance entre une série de temps forts (le bal, les Comices agricoles*, la scène de séduction...) et des chapitres consacrés au « temps amorphe, le temps de l'habitude anesthésiante et de l'indifférenciation » (V. Brombert).

Certains épisodes sont reliés par un jeu de symétrie (bal de la mi-carême et soirée à la Vaubyessard ; guérison de la jambe du père Rouault et amputation d'Hippolyte ; rêve d'Emma sur le vicomte et sur Lagardy ; « papillons noirs » du bouquet de mariée et « papillons blancs » de la lettre à Léon, etc.) Les lieux sont présentés de la même manière : deux villages, deux châteaux (Vaubyessard et la Huchette), deux fermes (père Rouault, mère Rollet), deux auberges. Les objets et les personnages vont souvent par couples, eux aussi (sur cette structure, cf. pp. 94-95).

LES THÈMES

« Les adultères d'une femme de province »

1. Une « physiologie » de l'adultère

Le texte souligne la perversion précoce de la sensibilité : les lectures qui font « frémir » ; la « langueur mystique », parmi des « femmes au teint blanc ». Il analyse ensuite le « processus » de l'adultère : déception de la nuit de noces, éveil des sens (valse avec le vicomte), frustration et refoulement (désir pour Léon qui se transforme en haine pour Charles), découverte du plaisir coupable, comme « une autre puberté » (II, 9). J. Starobinski note que les images liées à Charles évoquent souvent le froid, tandis que la chaleur est associée aux amants, ce qui suggère les ardeurs d'Emma infidèle, sa frigidité avec Charles.

2. Un défi à la morale bourgeoise

Si *Madame Bovary* fit scandale, c'est parce qu'on pouvait y voir une glorification de l'adultère. Après la faute, Emma a constaté que « quelque chose de subtil épandu sur sa personne la transfigurait » (II, 9), alors que tant qu'elle était vertueuse, elle portait sur le visage « cette immobile contraction qui plisse la figure des vieilles filles » (II, 7). Ces adultères qui permettent à l'héroïne de s'épanouir « dans la plénitude de sa nature » (II, 12) semblent donc justifiés par le romancier qui parodie la formule convenue (désillusion du mariage, souillures de l'adultère) pour évoquer, de façon provocante, « les souillures du mariage et la désillusion de l'adultère » (II, 15).

3. La faute et la damnation

Cependant l'image de l'adultère est souvent accompagnée d'images très négatives (par exemple le serpent, III, 6) ; Flaubert parle de « hardiesse infernale » (III, 7) et de « corruption » (III, 5 et 11). Quant à la mort d'Emma, elle est hantée par une figure de damnation, l'aveugle qui se dresse « dans les ténèbres éternelles comme un épouvantement » (III, 8).

4. Le désir infini

En fait, le véritable thème du roman est moins l'adultère que l'insatisfaction, liée au caractère infini du désir : Emma tarit toute félicité à la vouloir trop grande. Elle éprouve « une irréalisable envie d'une volupté plus haute » qui se heurte à l'« insuffisance de la vie » (III, 6). Ce thème est très baudelairien et Baudelaire précisément en soulignait l'importance : « Cette bizarre Pasiphaé [...] poursuit l'idéal à travers les bastringues et les estaminets de la préfecture. »

Un roman de l'insuffisance

1. Absence d'amour

L'amour maternel est ambigu. La mère de Charles est possessive ; quand elle voit son fils heureux, elle garde « un silence triste, comme quelqu'un de ruiné » (I, 7). Quant à Emma, elle n'aime pas sa fille (II, 3 et 6), bien qu'elle se livre parfois à des « expansions lyriques » théâtrales (II, 5 et 14).

La vie sentimentale est marquée par l'absence de toute vérité. Rodolphe est un « chasseur » qui collectionne ses « trophées », mais tout est mort en lui : « Les plaisirs [...] avaient tellement piétiné sur son cœur que rien de vert n'y poussait » (II, 13) ; Léon est veule (III, 6). Emma, qui croit aimer, s'abuse elle-même : « Elle continuait à lui écrire des lettres amoureuses, en vertu de cette idée qu'une femme doit toujours écrire à son amant. Mais en écrivant, elle percevait un autre homme, un fantôme » (III, 6). Quant à l'amour de Charles, il est profond, mais maladroit, un amour d'adolescent, semblable à celui de Justin : les deux personnages causent indirectement la mort d'Emma.

2. Absence d'énergie

L'univers de Flaubert est l'opposé de celui de Balzac ; on y assiste à l'échec de l'énergie, étouffée par l'inertie. Emma se réfugie souvent dans une sorte de léthargie (II, 5 ; III, 6). Les hommes sont veules ; Charles travaille dur, mais il échoue sans cesse. Le triomphe d'Homais et de Lheureux reste limité ; il manque du « génie » d'un Gobseck. La seule figure énergique est le docteur Larivière, image du père de Flaubert ; sa brève apparition (III, 8) souligne par contraste la médiocrité collective.

3. La bêtise

Ce thème, majeur dans *L'Éducation sentimentale* et dans *Bouvard et Pécuchet*, est très important dans le roman. La bêtise est le fait de tous les personnages, notamment d'Emma, dépourvue de tout esprit critique (devant les propos de Rodolphe ou de Lheureux). Mais c'est surtout Homais qui semble une véritable allégorie de la bêtise : « Au dessus de lui flotte quelque chose d'oraculaire, de delphique ; il est le porte-parole. Et c'est pourquoi il finit par donner le vertige, pourquoi Flaubert se laisse halluciner par sa bêtise, par toutes les bêtises » (J.P. Richard).

4. Les insuffisances de la parole

Le langage est le lieu où s'épanouit cette bêtise. À l'exception de Charles, souvent frappé de mutisme, les personnages s'expriment par clichés : Emma, Léon (II, 2), Rodolphe (II, 8 et 9), Homais. De plus, il fausse la pensée : soit volontairement — et c'est la lettre mensongère écrite par Rodolphe (II, 13) — soit inconsciemment : Léon et Emma parlent d'amour plus qu'ils n'en ressentent véritablement, car la parole est « un laminoir qui allonge toujours les sentiments » (III, 1). Enfin le décalage entre pensée et expression est irréductible : « Personne jamais, ne peut donner l'exacte mesure de ses besoins, ni de ses conceptions, ni de ses douleurs. La parole humaine est comme un chaudron fêlé où nous battons des mélodies à faire danser les ours quand on voudrait attendrir les étoiles » (II, 12).

Incapable d'aimer, de faire, de dire, le « héros » flaubertien est voué à l'échec. Cet échec n'a même pas la grandeur tragique : quand les personnages prononcent le mot « fatalité » c'est dans un contexte grotesque et lamentable. « Voilà un mot qui fait toujours de l'effet ! », déclare Rodolphe (II, 13) ; quand Charles emploie ce « grand mot » (III, 11), il ne fait que reprendre la lettre de son rival. Le roman présente donc la parodie grinçante d'une tragédie — la médiocrité remplaçant la fatalité classique comme force de destruction.

Un « roman couleur cloporte »

1. La revanche des objets

Cette médiocrité se traduit notamment par la modification du rapport entre les hommes et les choses. Les vêtements prennent ainsi le pas sur le corps humain (I, 1 : le « portrait » de la casquette de Charles). Ces objets ont parfois valeur emblématique (le bonnet grec d'Homais) et ils se répondent, ironiquement ou tragiquement (chapeaux, cannes, statues de l'Amour). Ils sont dans l'ensemble grotesques, inutiles.

2. La décomposition

Ces objets sont souvent délabrés, poussiéreux, guettés par la pourriture : curé de plâtre, église, banc de la tonnelle. La putréfaction des choses guette aussi les humains (gangrène d'Hippolyte, maladie de l'aveugle, cadavre d'Emma). La décomposition est une des obsessions majeures de Flaubert (cf. remarques à propos de II, 11).

3. La mort

Le thème domine le roman, non seulement la mort des êtres, mais la perte même du souvenir : le père Rouault a oublié son deuil (I, 3) ; Charles ne parvient pas à « retenir » l'image d'Emma (III, 11). La mort est présentée comme disparition totale (III, 8 : « elle n'existait plus »). La seule survie possible est la dissolution dans la matière (cf. remarques à propos de III, 9 : « elle se perdait confusément dans l'entourage des choses »).

LES PERSONNAGES

Le système des personnages

Comme les épisodes, ils sont souvent présentés de manière symétrique ; ils vont par deux : Charles a deux femmes, Emma deux amants ; il y a à Yonville deux ennemis inséparables, le pharmacien et le curé ; deux domestiques se succèdent chez les Bovary, etc. Or chaque élément de ces « couples », tout en étant opposé à celui qui lui est associé, lui ressemble beaucoup ; il y a entre eux un jeu de symétrie et de duplication ; ils forment des « paires ».

1. Rodolphe et Léon

Tout semble les opposer : l'un hardi et séducteur, l'autre timide et réservé. Les scènes d'amour soulignent ces différences : Emma se donne à Rodolphe dans la forêt, tandis qu'elle devient la maîtresse de Léon dans les rues d'une ville. Mais les deux liaisons ont le même sens : la fuite loin du réel; la liaison avec Rodolphe arrache Emma à « l'existence ordinaire » (II, 9) ; Léon et elle sont « comme deux Robinsons » (III, 3). Les deux hommes lui refusent pareillement de l'argent et, le jour de son enterrement, ils partagent le même sommeil égoïste.

2. Héloïse et Emma

L'une a les pieds « froids comme des glaçons » (I, 5), l'autre est sensuelle. Cependant la même crise se produit, bien qu'inversée ; Héloïse aime Charles qui ne l'aime pas ; Charles connaît cette situation avec Emma. Les deux bouquets de mariée et les deux veuvages de Charles rapprochent les deux personnages.

3. Homais et Bournisien

Ils ne cessent de se quereller, mais leur comportement est symétrique et, lors de la veillée funèbre, le même sommeil finit par les engourdir (III, 9).

L'importance du groupe binaire est majeure chez Flaubert (cf. Jules et Henry de la première *Éducation sentimentale* ou *Bouvard et Pécuchet*). Reflet de la dualité d'un auteur qui sentait deux hommes en lui, le lyrique et le réaliste ? Ou procédé que l'on rapprochera de l'insistance du texte à signaler les paires : « Garniture de cheminée oblige, ce sont deux flambeaux, deux vases bleus ou deux coquilles roses. Cette donnée sociale devient presque un tic d'écriture » (C. Duchet). Au coin du feu, Charles a « les deux mains sur son ventre, les deux pieds sur les chenets » (II, 5). C'est dans le chapitre consacré aux Comices agricoles* que « le procédé, conscient ou non, est particulièrement lisible : le chiffre deux y revient dix-huit fois, accompagnant le duo d'amour entre ''deux pauvres âmes'', au-dessus de l'estrade flanquée de ''deux longs ifs''. Homais ne peut que conclure par un toast à l'industrie et aux beaux-arts, ces deux sœurs » (C. Duchet).

La paire nie la possibilité d'une différence réelle. Les objets symétriques s'opposent moins qu'ils ne se répètent ; si Flaubert adopte ce système pour ses personnages, n'est-ce pas pour montrer, de manière très pessimiste, que l'« autre » est toujours, d'une certaine façon, une variante du « même » ?

Charles Bovary

Il ouvre et clôt le roman. C'est d'ailleurs l'histoire d'Eugène Delamare plus que celle de Delphine que Flaubert avait d'abord eu l'intention d'écrire.

1. Un faible

Dominé par sa mère, puis par ses deux femmes, il est incapable de prendre la parole : que ce soit pour dire son nom (I, 1) ou formuler sa demande en mariage (I, 3). Il est influençable (II, 11), crédule (II, 9 ; III, 2 et 4) et désemparé dès qu'il faut prendre une décision (II, 13 ; III, 8).

2. Un médiocre

Travailleur, mais ne comprenant rien (I, 1), incapable de concentration (I, 9), il manque de pénétration psychologique (II, 7).

Son défaut de finesse est rendu encore plus sensible par la robustesse de son corps (I, 1 et 9). C'est un « lourdaud » que méprisent ceux qui l'approchent — et surtout Emma.

3. L'amour de Charles

Malgré ce mépris, il reste fidèle à Emma et meurt réellement d'amour. Il est capable d'une grandeur tragique : il se révolte contre Dieu, puis montre « l'accent résigné des douleurs infinies » (II, 11). Sa mort dans la tonnelle, parmi les fleurs, contraste avec l'agonie sordide de la romantique Emma.

Cependant son amour ressemble à celui de Justin : un amour d'adolescent, incapable d'apporter force et secours à l'être aimé et causant même sa perte. D'autre part, la mort de Charles reflète sa passivité fondamentale et il y a une sorte de perversité dans son identification à la disparue ; son attitude devant Rodolphe est très ambiguë (III, 11).

La pauvre vie de Charles est donc placée, de la première à la dernière page, sous le signe de l'échec. Le personnage annonce tous les ratés de la seconde *Éducation sentimentale* et les figures de Bouvard et de Pécuchet.

Emma

1. Le corps

Flaubert emprunte toujours, pour le décrire, le regard d'un de ses personnages. Charles est sensible à ses yeux, à sa bouche ; il est gourmand de ce corps sur lequel il dépose « de gros baisers à pleine bouche » (I, 5). Léon voit en elle une créature céleste, mais son inexpérience le rend avide de tous les détails qui suggèrent la sensualité : chaussures, cheveux. Le regard de Justin ressemble à celui de Léon, tandis que Rodolphe la « déshabille » (II, 7). À ces regards qui font d'elle

« l'objet du désir » s'ajoutent ceux d'Emma sur elle-même, devant son miroir (II, 9 ; III 9).

La coiffure est stricte avant le mariage, ce qui indique qu'Emma veut discipliner sa sensualité, mais de ses sages bandeaux s'échappent de « petits cheveux follets » (I, 2). Après le départ de Léon, elle change sans cesse de coiffure, ce qui reflète sa révolte et son désarroi (II, 7) ; quand elle rejoint Rodolphe, ses cheveux se libèrent et se remplissent de rosée (II, 9) ; après ses rendez-vous avec Léon, elle doit réparer leur désordre, de même qu'elle doit cacher son adultère (III, 5). Cette chevelure qui déroule ses « anneaux noirs » (II, 14) comme un serpent (on pense à Baudelaire) représente la sensualité. Elle est brutalement tranchée après la mort, et c'est tout ce qui reste entre les mains de Charles (III, 11).

Ses yeux ont une couleur changeante, avec un jeu de reflets qui en fausse la couleur (I, 2 et 5 : duplicité du personnage ?) ; la sensualité les avive (II, 9) avant de les égarer (III, 6).

Sa main est celle d'une paysanne (I, 2), mais ses ongles sont soignés à grands frais (I, 2 ; II, 7 et 12). Ils représentent l'artifice ; symboliquement, ils se brisent avant la mort (III, 8).

La bouche est avide ; l'épisode le plus significatif est celui qui la montre essayant de lécher un verre presque vide (I, 3) : les lèvres convoitent, mais ne peuvent assouvir leur désir.

2. L'artifice

Égarée par ses lectures, Emma imagine un monde sublime et faux. Confrontée à ces rêves, la réalité est décevante, comme l'indique le fréquent recours à l'irréel du passé.

Afin de se rapprocher de ce monde idéal, Emma cultive l'artifice ; à ses yeux, l'apparence compte plus que la réalité ; elle donne « un nom extraordinaire » aux plats les plus simples (I, 9) et n'est capable que d'attitudes affectées : après la mort de sa mère (I, 6), devant son enfant (II, 14), avec ses amants qu'elle croit aimer plus qu'elle ne les aime vraiment (III, 6). Elle en vient à mentir pour le plaisir (III, 5).

Emma apparaît donc comme un personnage « corrompu » et presque satanique (III, 7 : « infernale »). Cependant, elle garde une profonde innocence (II, 10 : « candeur ») ; devant les avances de Maître Guillaumin, un « flot de pourpre » (III, 7) monte à ses joues, révélant un dégoût instinctif de la souillure. Elle reste nostalgique de l'enfance et de la pureté : « elle aurait voulu, s'échappant comme un oiseau, aller se rajeunir quelque part, bien loin, dans les espaces immaculés » (III, 6). Comme le poète baudelairien, elle est donc partagée entre spleen et idéal.

3. Le mal de vivre

Ce malaise entraîne de nombreuses manifestations pathologiques : longs états dépressifs, accompagnés de troubles psychosomatiques ; ses épanchements amoureux ont « quelque chose d'extrême, de vague et de lugubre » (III, 6) ; elle dépense de manière névrotique.

Elle connait deux crises très aiguës dont la deuxième la conduit au suicide. Flaubert en retrace le déroulement de manière clinique : on a pu rapprocher certains symptômes des troubles dont Flaubert souffrit à partir de 1844 (voir remarques sur II, 13).

Emma est donc, par certains traits, une image de l'artiste. Comme lui, elle éprouve le sentiment d'une « immense duperie » (II, 14) ; les nausées dont elle souffre (I, 9 ; II, 7 ; III, 8) sont l'écho de celles de son créateur qui a confié combien la « fétidité du fond » lui faisait « mal au cœur » (*Lettre à Louise Colet*, 16 avril 1853). Un détail est significatif : Emma qui s'est « nourrie » de littérature meurt avec dans la bouche « un affreux goût d'encre » (III, 8) ; après sa mort, son cadavre vomit « un flot de liquides noirs » (III, 9). On a pu rapprocher cette image d'une lettre à Louise Colet (14 août 1853) : « L'encre est mon élément naturel. Beau liquide, du reste, que ce liquide sombre ! Et dangereux ! Comme on s'y noie ! Comme il attire ! » La destinée d'Emma, « dévoyée par les maléfices de la lecture, s'achève comme si en elle se dénonçait aussi le maléfice de l'écriture. Non qu'Emma soit la figuration de l'écrivain (malgré le fameux ''c'est moi'' !) : elle révèle la puissance mortelle de ce que l'écrivain nomme son élément » (J. Starobinski).

L'ŒUVRE ET LA RÉALITÉ

« J'exècre ce qu'il est convenu d'appeler le réalisme, bien qu'on m'en fasse un des pontifes » (*Lettre à George Sand*). Malgré ces affirmations, le roman présente une peinture fidèle de la vie de province au milieu du XIXe siècle.

La révolution industrielle

Le plan suggère la mutation économique qui transforme une société agricole en société industrielle. Tostes est un bourg rural et les Bertaux une grosse ferme ; Yonville, encore rural, est touché par le développement industriel (filature de lin) ; en trois générations, une famille quitte la campagne, tente de se rapprocher de la bourgeoisie, puis rejoint le monde ouvrier : la petite-fille du père Rouault travaillera dans une filature.

Le monde paysan

Flaubert souligne à la fois son homogénéité (nombreux tableaux collectifs) et la différence de condition qui sépare maîtres et domestiques, ceux-ci étant de véritables esclaves (II, 8).

La noblesse

Elle n'est évoquée qu'une fois et comme un monde mythique ; le roman suggère son déclin : sa force vient du passé (le vieux duc de Laverdière) ; le pouvoir lui échappe ; le marquis doit flatter les paysans par des « distributions de fagots » (I, 7).

La bourgeoisie

Lheureux, qui attise les convoitises et les frustrations d'Emma, annonce la société de consommation du XXe siècle, le triomphe du crédit et du désir artificiel : « Elle ne pouvait plus se passer de ses services » (III, 4). « On voit poindre cette aliénation [...] la consommation comme soulagement de l'angoisse, essayer de peupler d'objets le vide » (M. Vargas Llosa).

Bien qu'il refuse d'être considéré comme un épicier (III, 2), Homais n'hésite pas à faire aux médecins une concurrence féroce (II, 3 ; III, 11) ; il croit au progrès et aux « immortels principes de 1789 » mais se montre paternaliste avec Justin (III, 2), cruel avec l'aveugle dès que sa vanité est menacée (III, 11), et il veille férocement sur la moralité des siens. C'est le « bourgeois conquérant » : il ne se contente pas d'exercer son métier mais il se mêle aussi d'agriculture (II, 8) et il va même jusqu'à « s'annexer son contraire, l'artiste » (M. Crouzet), (III, 6 et 11). Il devient la voix même du village, monopolisant la parole et l'écriture et imposant un style qui se veut littéraire : « Il donne au bourg sa rhétorique » (M. Crouzet).

Juristes et médecins sont caricaturés par le romancier qui connaissait bien ces professions. Seule exception, le docteur Larivière, image du père de Flaubert (III, 8).

Le clergé

Flaubert en souligne la médiocrité, le manque de psychologie et de spiritualité (II, 6). Quant aux couvents, ils sont le lieu d'une exaltation malsaine (I, 6).

L'éducation

Charles et Emma reçoivent tous deux une éducation supérieure à leur condition sociale. Mais dans les deux cas, le résultat est un échec : Emma garde « toujours à l'âme quelque chose de la callosité des mains paternelles » (I, 9) ; quant à Charles, il ne parvient pas à s'intégrer à la classe, société bourgeoise en miniature ; il n'a pas le *genre* (I, 1).

Contrairement au monde balzacien dans lequel les hommes de génie peuvent renverser tous les obstacles, la société flaubertienne est un moule pesant que nul ne peut briser ; au château de la Vaubyessard, malgré la ressemblance des vêtements, les différences sociales restent très marquées (I, 8). On peut donc parler d'une véritable fatalité sociale ; chacun porte en soi, comme une maladie incurable, ses origines et son rang.

L'ÉCRITURE

Techniques narratives

1. Le point de vue

Le récit est le plus souvent un texte objectif, dans lequel le narrateur s'efface pour faire un compte rendu impersonnel d'événements qu'il ne commente pas. Très rarement, il manifeste sa présence (narrateur omniscient*, II, 4 : « Elle ne savait pas que ... » ; II, 5 : « Léon ne savait pas que... ») ou en faisant un commentaire de moraliste (III, 2) : « Cette lâche docilité qui est pour bien des femmes comme le châtiment tout à la fois et la rançon de l'adultère ». Le premier chapitre est une exception : il montre un narrateur qui disparaît par la suite ; cette présence reste une voix anonyme et collective (un « nous », jamais un « je »).

Malgré un nombre important de focalisations externe et zéro*, c'est la focalisation interne* qui domine ; le regard d'Emma est le foyer central du récit ; la plupart des lieux et des personnages sont vus par ses yeux. Flaubert adopte également les yeux et la mentalité de toute une collectivité (« on »).

2. Les dialogues

Assez rares dans le récit, ils prennent d'autant plus d'importance. L'effet recherché est souvent grotesque ; les répliques sont creuses et révèlent, derrière les belles formules, la vacuité des êtres (cf. remarques à propos de II, 2).

3. Le style indirect libre*

Ce tour tient du style direct par l'ordre des mots, la ponctuation et la suppression du verbe introducteur, mais du style indirect par le choix des temps et des personnes (II, 12 : « Ils se connaissaient ; est-ce qu'il doutait d'elle ? ») Flaubert emploie ce tour non seulement pour les dialogues, mais même pour rapporter les pensées des personnages (II, 12 : « Ah ! qu'elle serait jolie, plus tard [...] »). Il évite ainsi toute rupture entre le monde du récit et celui des sentiments. De plus, la concordance des temps qu'il impose donne à l'œuvre une tonalité mélancolique : le futur, remplacé par le conditionnel, y est déjà condamné ; le texte est sous le signe de « cet éternel imparfait, si nouveau dans la littérature, qui change entièrement l'aspect des choses et des êtres » (M. Proust).

Le style

1. La volonté de sobriété

« C'est à force de patience que je me suis débarrassé de toute la graisse blanchâtre qui noyait ses muscles » (*Lettre à Louise Colet*, 26 juillet 1852). L'examen des brouillons est révélateur de cette volonté : le texte tend à se simplifier. Voici par exemple la première version du début :

« Une heure et demie venait de sonner et le maître d'étude, attendant le petit coup d'avant le quart, se préparait déjà à faire réciter les leçons, quand le proviseur entra dans l'étude des moyens, suivi d'un jeune garçon d'environ quinze ans et d'un garçon de classe. On ouvrit des dictionnaires à grand bruit, on tira à soi ses cahiers fermés. Ceux qui dessinaient des bonshommes les cachèrent sous leur atlas. »

2. La recherche de l'harmonie

« Il faut que les phrases s'agitent dans un livre comme les feuilles dans une forêt, toutes dissemblables en leur ressemblance » (*Lettre à Louise Colet*, 7 avril 1854). Flaubert éprouvait leur qualité musicale en les « gueulant ». Lorsqu'on lui conseilla de changer le nom du *Journal de Rouen* (il existait un journal de ce nom), il s'y refusa longtemps de peur de « casser le rythme de (s)es pauvres phrases » (*Lettre à Louis Bouilhet*, 5 octobre 1856) ; il ne s'y résolut que lorsqu'il eut trouvé un titre aux sonorités très proches : *le Fanal de Rouen*.

3. Les images

Flaubert s'en méfiait : « Je suis gêné par le sens métaphorique, dévoré de comparaisons, comme on l'est de poux, mes phrases en grouillent » (*Lettre à Louise Colet*, 27 décembre 1852). Les images restent cependant nombreuses, originales, souvent ironiques. Certaines sont grandioses, homériques : Larivière semblable à « un dieu » (III, 8), Homais rapproché de l'Océan (III, 2). On note l'emploi fréquent d'un « et » emphatique, aux résonnances bibliques (I, 4 : « Et les chemises sur les poitrines bombaient, comme des cuirasses ! »)

4. Le grotesque

Ces figures épiques soulignent, par contraste, la médiocrité des situations. Le choix des noms propres produit ce même effet grotesque. Ils sont ridicules (MM. Lehérissé et Cullembourg, Me Hareng), cachent souvent un calembour (l'*Hirondelle* conduite par Hivert ; Boulanger habite la Huchette ; Hippolyte soigne les chevaux) ; ils ont un sens ironique (Lieuvain, Lheureux) ; de l'aveu même de son créateur, Homais et à rapprocher de Homo (l'homme). On note le goût pour les patronymes bovins (Bovary, Tuvache, Léocadie Lebœuf) ; par une ironie cruelle, Emma, qui cherche un nom distingué pour sa fille, choisit Berthe, qui rappelle la ferme paternelle des Bertaux. Le roman est jusque dans ses plus petits détails ce que Flaubert voulait qu'il soit, un « livre tout en calcul et en ruses de style, une chose voulue, factice » (*Lettre à Louise Colet*, 21-22 mai 1853).

Lexique

VOCABULAIRE DE L'ŒUVRE

La médecine

Alcali caustiques : acides corrosifs.

Antiphlogistique (adj.) : efficace contre les inflammations.

Coryza : nom scientifique du "rhume de cerveau".

Emétique (adj. et nom) : qui provoque le vomissement.

Epigastre : partie supérieure de l'abdomen.

Equin : déformation du pied humain, qui le fait ressembler à celui du cheval.

Hippocrate : médecin grec (460-377 av. J.-C.), dont l'éthique médicale est à l'origine du serment que prêtent les médecins.

Officier de santé : médecin d'un rang inférieur à celui du docteur en médecine. Dans le texte, cette hiérarchie est nettement indiquée : Charles Bovary (n') est (qu') officier de santé, M. Canivet est docteur en médecine, le docteur Larivière étant chirurgien-chef.

Miasme : émanation provenant des substances animales ou végétales en décomposition ; avant les découvertes de Pasteur, on lui attribuait les maladies infectieuses et les épidémies. Comme chez Baudelaire (cf. *Élévation* : "Envole-toi bien loin de ces miasmes morbides"), ce terme connote très fortement le dégoût inspiré par la réalité.

Phlébotomie : nom scientifique de la saignée.

Scrofule : lésion de la peau ou des os due à la tuberculose ou à la syphilis.

Ténotome : sorte de bistouri qui sert à sectionner un tendon.

Reflets de l'époque

Béranger : chansonnier français (1780-1857). Ses chansons d'inspiration patriotique et politique lui valurent une immense popularité.

Calotin : désigne ironiquement un homme d'Église ou, par extension, un partisan de l'Église (syn. : "clérical").

Cautèle : prudence rusée, caractéristique, chez Flaubert, des habitants du pays de Caux (les Cauchoix).

Comice agricole : société formée par des cultivateurs ou éleveurs''... à l'effet de discuter en commun les meilleurs procédés en agriculture et de perfectionner la culture des terres et l'élevage des bestiaux par des encouragements divers'' (Littré). Les comices sont l'occasion de rencontres et de festivités.

Communs (nom pl.) : bâtiments consacrés au service.

Daguerréotype : le premier de tous les appareils photographiques, inventé par Daguerre en 1838 ; l'image de l'objet était fixée sur une plaque métallique.

Débardeuse : ouvrière qui décharge les voitures.

Goton : fille de mauvaise vie.

Grisette : ouvrière jeune et coquette.

Guéret : terre labourée et non ensemencée.

Haridelle : mauvais cheval maigre (syn. ''rosse'').

Hypocras : boisson tonique faite avec du vin sucré et de la cannelle.

Keepsake : album élégamment relié et illustré de gravures, qu'on offrait en étrennes.

Once : ancienne mesure de masse, valant environ 30 grammes.

Protêt : acte dressé par un huissier, faute de paiement à l'échéance.

Quintet : lampe à huile.

VOCABULAIRE CRITIQUE

Focalisation externe : le foyer est extérieur à la réalité décrite ; le narrateur en sait moins que ses personnages.

Ex. : un homme vêtu de noir entra tout à coup dans la cuisine. On distinguait, aux dernières lueurs du crépuscule, qu'il avait une figure rubiconde et le corps athlétique.

— Qu'y a-t-il pour votre service, monsieur le curé ? demanda la maîtresse d'auberge (II, 1).

Focalisation interne : le point de vue de la description ou de la narration est placé dans un personnage témoin dont le lecteur épouse le regard.

Ex. : comme il passait par Vassonville, il aperçut, au bord d'un fossé, un jeune garçon assis sur l'herbe.
— Êtes-vous le médecin ? demanda l'enfant.
Et, sur la réponse de Charles, il prit ses sabots à ses mains et se mit à courir devant lui.
L'officier de santé, chemin faisant, comprit aux discours de son guide que M. Rouault devait être un cultivateur des plus aisés (I, 2).

Focalisation zéro : la réalité est présentée sous plusieurs angles à la fois. Le narrateur est omniscient ; il sait ce que ses personnages ignorent :
Ex. : Léon ne savait pas, lorsqu'il sortait de chez elle désespéré, qu'elle se levait derrière lui, afin de le voir dans la rue. Elle s'inquiétait de ses démarches [...]'' (II, 5).

Période : phrase composée de plusieurs propositions, dont la structure et le rythme sont particulièrement équilibrés et harmonieux ; c'est un procédé caractéristique du style oratoire.

Style indirect libre : les paroles ou les pensées d'un personnage sont rapportées avec l'ordre des mots et la ponctuation du style direct, mais les temps et les personnes du style indirect, le verbe introducteur étant sous entendu.
Ex. : comment donc avait-elle fait (elle qui était si intelligente !) pour se méprendre encore une fois ? (II, 11).
Au style direct : ''Comment donc ai-je fait, moi qui suis si intelligente, pour me méprendre encore une fois ?''
Au style indirect : ''Elle se demandait comment elle avait donc fait, elle qui était si intelligente, pour se méprendre encore une fois''.

Quelques citations

Le langage

Personne, jamais, ne peut donner l'exacte mesure de ses besoins, ni de ses conceptions, ni de ses douleurs... La parole humaine est comme un chaudron fêlé où nous battons des mélodies à faire danser les ours, quand on voudrait attendrir les étoiles. (II, 12)

La parole est un laminoir qui allonge toujours les sentiments. (III, 1)

La casquette de Charles

Une de ces pauvres choses dont la laideur muette a des profondeurs d'expression comme le visage d'un imbécile. (I, 1)

Charles

Il accomplissait sa petite tâche quotidienne à la manière du cheval de manège qui tourne en place les yeux bandés, ignorant de la besogne qu'il broie. (I, 1)

Le cœur plein des félicités de la nuit, l'esprit tranquille, la chair contente, il s'en allait, ruminant son bonheur, comme ceux qui mâchent encore, après dîner, le goût des truffes qu'ils digèrent. (I, 5)

La conversation de Charles était plate comme un trottoir de rue et les idées de tout le monde y défilaient, dans leur costume ordinaire. (I, 7)

Charles écrivit à M. Boulanger que sa femme était à sa disposition et qu'il comptait sur sa complaisance. (II, 9)

L'insatisfaction d'Emma

Sa vie était froide comme un grenier dont la lucarne est au nord et l'ennui, araignée silencieuse, filait sa toile dans l'ombre à tous les coins de son cœur. (I, 7)

Comme les matelots en détresse, elle promenait sur la solitude de sa vie des yeux désespérés, cherchant au loin quelque voile blanche [...] L'avenir était un corridor noir et qui avait au fond sa porte bien fermée. [...] Toute l'amertume de l'existence lui semblait servie sur son assiette, et à la fumée du bouilli, il montait du fond de son âme comme d'autres bouffées d'affadissement. (I, 9)

D'où venait donc cette insuffisance de la vie, cette pourriture instantanée des choses où elle s'appuyait ? [...] Chaque sourire cachait un bâillement d'ennui, chaque joie une malédiction, tout plaisir son dégoût et les meilleurs baisers ne vous laissaient sur la lèvre qu'une irréalisable envie d'une volupté plus haute [...] (III,6)

La sensualité d'Emma

Jamais elle n'avait eu les yeux si grands, si noirs, ni d'une telle profondeur. Quelque chose de subtil épandu sur sa personne la transfigurait. Elle se répétait : « J'ai un amant ! un amant ! » se délectant à cette idée comme à celle d'une autre puberté qui lui serait survenue. (II, 9)

Elle se déshabillait brutalement, arrachant le lacet mince de son corset, qui sifflait autour de ses hanches comme une couleuvre qui glisse. [...] Il y avait sur ce front couvert de gouttes froides, sur ces lèvres balbutiantes, dans ces prunelles égarées, dans l'étreinte de ces bras, quelque chose d'extrême, de vague et de lugubre. (III, 6)

Quelques propos d'Homais

Mon Dieu, à moi, c'est le Dieu de Socrate, de Franklin, de Voltaire et de Béranger ! (II, 1)

Ah ! C'est là la question ! Telle est effectivement la question : *That is the question !* comme je lisais dernièrement dans le journal. (II, 13)

Regards sur la bourgeoisie

Ainsi se tenait, devant ces bourgeois épanouis, ce demi-siècle de servitude. (II, 8)

« Chaque notaire porte en soi les débris d'un poète. » (III, 6)

Jugements critiques

La quête de l'idéal

Baudelaire :
« La pauvre épuisée, la bizarre Pasiphaé, reléguée dans l'étroite enceinte d'un village, poursuit l'idéal à travers les bastringues et les estaminets de la préfecture : c'est un César à Carpentras, elle poursuit l'idéal. » (*L'Artiste*, 18 oct. 1857)

V. Brombert :
« C'est bien le tragique flaubertien : le néant sera toujours, dans son œuvre, la rançon du rêve. C'est pourquoi le désir de l'impossible, et même tout simplement tout appétit démesuré sont associés à la notion de sacrilège. » (*Flaubert par lui-même*, Paris, Seuil, 1971)

Le réalisme

Zola :
« Le premier caractère du roman naturaliste dont *Madame Bovary* est le type, est la reproduction exacte de la vie, l'absence de tout élément romanesque [...] Le roman va devant lui, contant les choses au jour le jour, ne ménageant aucune surprise, offrant tout au plus la matière d'un fait divers et quand il est fini, c'est comme si on quittait la rue pour rentrer chez soi [...] L'auteur n'est pas un moraliste, mais un anatomiste qui se contente de dire ce qu'il trouve dans le cadavre humain. » (*Les Romanciers naturalistes*, Paris, Charpentier, 1881)

Le style

Proust :
« Cet éternel imparfait, si nouveau dans la littérature, qui change entièrement l'aspect des choses et des êtres, comme font une lampe qu'on a déplacée, l'arrivée dans une maison nouvelle, l'ancienne si elle est presque vide et qu'on est en plein déménagement ; c'est ce genre de tristesse que donne le style de Flaubert. » (« A propos du style de Flaubert », *Nouvelle Revue française*, janvier 1920)

La « modernité » de Flaubert

Une nouvelle conception du personnage (J.-P. Richard)

« L'être se perd dans "le glissement de l'insignifiance, dans le désordre de quelques petits et dérisoires plaisirs". Le bovarysme est "l'impuissance de concevoir que l'on soit quoi que ce soit [...] le mal de n'être personne. » (*Littérature et sensation*, Paris, Seuil, 1954)

La parole et l'imposture (Sartre)

« Flaubert ne croit pas qu'on parle ; on est parlé : le langage [...] n'est autre que la bêtise [...] La pensée est prise au piège des lieux communs. » (« La conscience de classe chez Flaubert », *Les Temps modernes*, mai-juin 1966)

Le « livre sur rien » (G. Genette)

« Flaubert étouffait de choses à dire. Mais il a formé ce projet de ne rien dire, ce refus de l'expression qui inaugure l'expérience littéraire moderne. Jean Prévost voyait dans le style de Flaubert "la plus singulière fontaine pétrifiante de notre littérature" ; Malraux parle de ses "beaux romans paralysés" : ces images traduisent bien ce qui reste l'effet le plus saisissant de son écriture et de sa vision. Le "livre sur rien", il ne l'a pas écrit, mais il a jeté sur tous les sujets dont foisonnait son génie cette lourde épaisseur de langage pétrifié. » (*Figures*, Paris, Seuil, 1966)

Un romancier « non figuratif » (J. Rousset)

« Flaubert est le premier en date des non-figuratifs du roman moderne. Même si le sujet — et la psychologie — de *Madame Bovary* jouent leur partie en sourdine dans le concert du roman [...] on a le droit, et peut-être le devoir, de les mettre en sourdine et de dire, comme Flaubert à Goncourt : "L'histoire, l'aventure d'un roman, ça m'est égal". Flaubert préfère à l'événement son reflet dans la conscience, à la passion le rêve de la passion [...] à l'action l'absence d'action et à toute présence un vide. » (*Forme et signification*, Paris, Corti, 1962)

L'importance de la forme (M. Blanchot)

« L'engagement de l'écrivain Flaubert est engagement — responsabilité — à l'égard d'un langage encore inconnu qu'il s'efforce de maîtriser ou de soumettre à quelque raison, afin de mieux éprouver le pouvoir hasardeux auquel l'inconnu de ce langage l'oblige à se heurter. Il ne l'ignore nullement : il dit avec précision que la recherche de la forme est pour lui une méthode. » (*L'Entretien infini*, Paris, Gallimard, 1969)

ANNEXES

Index thématique

Plans et sujets de travaux

PLAN DE COMMENTAIRE COMPOSÉ

Portrait d'une vieille servante : (II,8, de « Alors » à « servitude »)

L'imposture de la mise en scène

A - La composition
— Présentation sommaire (jusqu'à « noueuses »). Accent mis sur les signes sociaux.
— Description des mains et des yeux (jusqu'à « placidité »). Le regard s'est rapproché.
— Dissonance entre la vieille femme et la morgue de ses juges.
→ Mouvement progressif de sympathie.

B - La structure théâtrale du texte
— Importance du regard (« on vit ») : d'emblée, la servante est objet de spectacle.
— La scène : une estrade, espace effrayant qui isole plus qu'il n'élève (à comparer à celle sur laquelle parade Lagardy).
— Le décor (« drapeaux », « tambours ») qui « effarouche ».
— Le public : la « foule » qui « pousse » ; les « examinateurs ».
— Les costumes : celui de la servante permet de la classer socialement (costume typique d'une servante de ferme au XIXe siècle). Il s'oppose aux « habits » des « messieurs ».
→ Une mise en scène cruelle qui humilie celle que l'on prétend honorer.

C - Le point de vue
— Au début (« on vit »), c'est celui de la foule.
— Focalisation interne* dans l'avant-dernière phrase.
— Distance prise avec le « on » dans la dernière phrase (fonction d'éloignement du démonstratif (« ces bourgeois »)

→ Malgré le caractère objectif du récit, un texte qui n'est pas impersonnel. Intervention de l'auteur (« l'humble témoignage de tant de souffrances »).

La servitude

A - Les conditions matérielles

Participation aux gros travaux, nourriture insuffisante, absence de confort et de soins.
→ Une étude précise de la vie d'un travailleur agricole. Un regard qui annonce les romanciers naturalistes.

B - La misère du corps

— Rapport du corps et du vêtement (qui semble l'absorber complètement, comme sa condition a absorbé son être).
— Usure : mains « encroûtées, éraillées, durcies » (ce rythme ternaire répond à « la poussière, la potasse et le suint »).
— Souillure (« sales ») ; flétrissure (« flétrie » ≠ « épanouis »).
— Peu d'espace occupé (le corps se replie sur lui-même).
→ Quelques notations sobres. Pas de misérabilisme.

C - L'aliénation

— Effarement : incompréhension et mutisme.
— Peur.
— Soumission : nombre des verbes d'état, des tours passifs ou qui montrent la servante complément d'un verbe actif.
→ Un être de servitude, mais double sens du mot « servir » (esclavage et service) : Emma souffre de ne « servir à rien ».

La grandeur

A - La pureté

Limpidité (« eau claire », « regard pâle »). Geste de la prière.

B - La fermeté

— Rigidité monacale (cf. la fascination de Flaubert, qui s'est voulu pareil à « un chartreux », pour saint Antoine, saint Julien).
— L'absence de toute mollesse (cf. « mollement, sans effort » juste avant cet extrait).
→ Une figure austère, à la différence des autres personnages.

C - La métamorphose

La servante est successivement une femme (le mot n'est employé qu'une fois, au début), un végétal, un objet, un animal, puis une abstraction (« ce demi-siècle de servitude »).

→ Abandon de l'humain, ce qui peut sembler une déchéance. Mais Flaubert est-il un humaniste ? La servante accède à une qualité supérieure de l'existence, celle de la matière (cf. La fin de *La Tentation de saint Antoine* et remarques p. 80).

Ce texte annonce *Un cœur simple*. Félicité reste pendant « un demi-siècle » au service de la même famille ; elle devient, à force de travail, sourde et presque stupide. Mais si usées, si exploitées soient-elles, les deux femmes sont paradoxalement grandies, parce qu'elles présentent « d'elles-mêmes », sans avoir conscience de leur misère, « l'humble témoignage de tant de souffrances subies ».

RECHERCHES

— Comparer *Madame Bovary* et *Les Fleurs du mal* de Baudelaire (l'idée de corruption, l'insatisfaction, l'aspiration à l'idéal, la chevelure, la quête de l'« ailleurs », la mort).

— La caricature de la médiocrité (comparer avec *Bouvard et Pécuchet* et le *Dictionnaire des idées reçues*).

— La provinciale (comparer avec Balzac, *La Muse du département, Modeste Mignon* ; Maupassant, *Une vie*).

— La femme incomprise (comparer avec Balzac, *Le Lys dans la vallée* ; George Sand, *Indiana* ; Maupassant, *Une vie* ; Tolstoï, *Anna Karénine* ; Mauriac, *Thérèse Desqueyroux*).

— Le monde rural au XIXe siècle (comparer avec Balzac, *Les Paysans* ; George Sand, *La Mare au Diable, La Petite Fadette, François le Champi, Le Meunier d'Angibault* ; Zola, *La Terre*).

— La Normandie (comparer avec *Un cœur simple* et de nombreuses nouvelles de Maupassant).

SUJETS DE RÉFLEXION

(à traiter avec l'aide de l'index thématique) :
— Le tragique dans *Madame Bovary*.
— L'ironie de Flaubert : le grotesque.
— Le réalisme.
— Images et métaphores.
— La tentation et la satire du romantisme.
— Les objets (cannes, statuettes, garnitures de cheminée, bouquets, etc.) ; les vêtements (cf. en particulier les chapeaux).
— La réflexion sur le langage.
— Le thème de la lecture et de l'écriture.
— Angoisse, folie et mort.

ANNEXES

Bibliographie essentielle

Travaux collectifs

Colloque Flaubert, Cerizy, 10/18, 1975.

Colloque Flaubert, *Europe*, n° 485-7, sept-nov. 1969.

Travail de Flaubert (ouvrage collectif), Paris, Seuil, 1983.

Sur Flaubert

M. BLANCHOT, *L'Entretien infini*, Paris, Gallimard, 1969 (p. 487-497).

G. BOLÈME, *La Leçon de Flaubert*, Paris, Julliard, 1964.

V. BROMBERT, *Flaubert par lui-même*, Paris, Seuil, 1971.

R. DEBRAY-GENETTE, *Flaubert*, Paris, Marcel Didier, 1970.

G. GENETTE, « Silences de Flaubert », in *Figures I*, Seuil, 1966 (p. 223-243).

H. MITTERAND, « Flaubert et le style », *Bulletin des amis de Flaubert*, déc. 1965.

M. PROUST, « A propos du style de Flaubert », *Nouvelle Revue française*, janvier 1920.

J.-P. RICHARD, « La création de la forme chez Flaubert », in *Littérature et sensation*, Paris, Seuil, 1954 (p. 117-219).

M. ROBERT, *En haine du roman*, Paris, Balland, 1982.

N. SARRAUTE, « Flaubert le précurseur », *Preuves*, Février 1965.

J.-P. SARTRE, « La Conscience de classe chez Flaubert », *Les Temps modernes*, mai-juin 1966.

J.-P. SARTRE, *L'Idiot de la famille*, Paris, Gallimard, 1971.

Sur *Madame Bovary*

C. BAUDELAIRE, « *Madame Bovary* par Gustave Flaubert », *L'Artiste*, 18 octobre 1857.

R. DUMESNIL, *Madame Bovary de Flaubert*, Paris, Pensée moderne, 1968.

M.-J. DURRY, *Flaubert et ses projets inédits*, Paris, Nizet, 1950.

C. GOTHOT-MERSH, *La Genèse de* Madame Bovary, Paris, Corti, 1966.

J. POMMIER et G. LELEU, Madame Bovary, *nouvelle version précédée de scénarios inédits*, Paris, Corti, 1949.

J. ROUSSET, « *Madame Bovary* ou le livre sur rien », in *Forme et signification*. Paris, Corti, 1962.

M. VARGAS LLOSA, *L'Orgie perpétuelle*, Paris, Gallimard, 1978.